IMPRESSUM

HEEL Verlag GmbH
Gut Pottscheidt
53639 Königswinter
Tel.: 02223 9230-0
Fax: 02223 9230-13
info@heel-verlag.de
www.heel-verlag.de

© 2015 HEEL Verlag GmbH
5. Auflage 2024

Alle Rechte, auch die des Nachdrucks, der Wiedergabe in jeder Form und der Übersetzung in andere Sprachen, behält sich der Herausgeber vor. Es ist ohne schriftliche Genehmigung des Verlages nicht erlaubt, das Buch und Teile daraus auf fotomechanischem Weg zu vervielfältigen oder unter Verwendung elektronischer bzw. mechanischer Systeme zu speichern, systematisch auszuwerten oder zu verbreiten.

Fotos: Markus Gmeiner, www.markusgmeiner.com
Projektleitung: Christine Birnbaum
Satz und Gestaltung: Christine Mertens

Dieses Buch und die darin enthaltenen Rezepte wurden nach bestem Wissen und Gewissen verfasst. Weder der Verlag noch der Autor tragen die Verantwortung für ungewollte Reaktionen oder Beeinträchtigungen, die aus der Verarbeitung der Zutaten entstehen.

- Alle Rechte vorbehalten -
- Alle Angaben ohne Gewähr -

Printed in Latvia

ISBN 978-3-95843-038-9

INHALT

Vegetarisch Grillen......... 6

Grillen 8

Tipps / Gewürze 12

Olivenöl 14

Foliengemüse 20

Gegrillter Camembert mit Aprikosen 22

Flammkuchen mit Spargel und Oliven 24

Salat mit Himbeeren und Mango 28

Kichererbsenburger mit süßer Olivencreme 30

Gegrillter Halloumi mit Trauben, Kapern und Nüssen .. 32

Bauernbrot mit Pfifferlingen 34

Fenchel trifft Orange 38

Pastinake mit Zuckerschoten .. 40

Ratatouille „Toms Art" vom Grill 42

Tomaten-Pilz-Spieße 44

Spieße mit Gnocchi, Tomaten und Oliven 46

Kirschtomaten mit Honig und Thymian 48

Gefüllte Pilze 52

Spargel, Erdbeere und Olive 56

Gefüllte Tomate mit Couscous-Salat 60

Gemischter Brot-Gemüse-Salat 62

Geräucherte Paprika-Gazpacho mit Knoblauchbrotstreifen.... 64

Halloumi-Spargel-Aprikosen-Gemüse 66

Sesam-Tofu auf Avocadocreme 68

Rote Bete mit Frischkäse 70

Gegrillter Radicchio 71

Raclette Tom-Style 72

Herbstbrot 76

Tomaten-Kräuterbrotrolle ... 78

Gegrillter Chicorée mit Raucheidressing 80

Artischocke mit Paprika, Tofu und Oliven 82

Grillspiess Hellas 84

Tomate und Zucchini gefüllt 86

Bauernbrot trifft Käse und Rosinen 88

Crostini mit Knoblauch 90

Crostini mit Tomaten und Basilikum 92

Pilze mit Nüssen und Tofu ... 94

Eine Art Caprese 98

Gefüllte Kartoffel 100

Flammkuchen mit Kartoffel und Frühlingszwiebel 102	3erlei Paprika mit Frischkäse und Kürbiskernen 156
Flammkuchen mit Zucchinistreifen und Zwiebel 104	Gegrillter Salat mit Erdbeere und Balsamico 158
Flammkuchen mit Feigen 106	Gemüseschnecken aus dem Dutch Oven 160
Tortilla trifft Marokko 108	Gefüllte Zwiebel 164
Gemüseturm mit Fetasauce ... 112	Gefülltes Grillbrot 166
Schwarzwurzeln mit Parmesan und Butter 114	Kräuterbuchteln aus dem Dutch Oven 168
Käsebrett vom Grill 116	Schnelle Schnitte mit Herbstgemüse 172
Pumpernickel mit Taleggio .. 118	Schnelle Schnitte mit getrockneten Tomaten 173
Gegrillte Karotte mit Grün ... 122	Aprikosenrolle 176
Mit Ziegenkäse gefüllte Minipaprika 126	Schokoladenpfirsich 178
Rosenkohl mit getrockneten Tomaten und Parmesanwürfeln 130	Schokoladenkuchen mit Gegrillter Mango 182
Kräuterseitlinge mit gegrillter Polenta 132	Ananassteak mit Rum-Minze-Joghurt 184
Champignons mit Knoblauch, Petersilie und Vanille 134	Preiselbeer-Tartelettes 186
Wirsing trifft Pimentón und Knoblauch 136	Grillbanane mit Kardamom .. 188
Paprika mit Feta, Kräutern und Gemüsechips 138	Gegrillte Birne im Schokoladenteig 190
Veggie-Stew 140	Schoko-Omelett aus dem Dutch-Oven-Deckel mit Trauben und Nüssen 192
Pitabrot mit Kürbisdhal 142	Polentaauflauf mit karamellisierten Nüssen 194
Gefüllte Rote Bete 144	
Ragout mit Zitrone und Oliven aus dem Dutch Oven ... 146	Tom & Markus 198
Mangold mit Knoblauch auf Grillbrot 150	Danksagung 200
Pilzragout aus dem Dutch Oven 152	
Spieße mit Drillingen und Frühlingszwiebeln 154	

VEGETARISCH GRILLEN

Nach meinen Büchern „Wintergrillen" und „Wild grillen" möchte ich mich nun einem weiteren äußerst interessanten Thema widmen - dem vegetarischen Grillen.

Die vegetarische Ernährung ist mittlerweile für viele Menschen selbstverständlich. Für die einen ist es vielleicht ein hipper Modetrend, für andere ist es in Zeiten der Massentierhaltung und dem Mangel an Alternativen eine logische Schlussfolgerung. Vielfach sind es natürlich auch ethnische oder gesundheitliche Gründe, auf den Verzehr von Fleisch zu verzichten.

Ich bin selbst kein Vegetarier und möchte auch niemanden mit diesem Buch bekehren, habe aber die vegetarische Küche schätzen und lieben gelernt. Erst, wenn man sich bewusst mit dem Thema auseinandersetzt, erkennt man die Vielfalt der vegetarischen Möglichkeiten, die uns die Natur zu jeder Jahreszeit bietet.

In diesem Buch finden Sie Rezepte und Anregungen, wie Sie Gemüse, Obst, Tofu oder diverse andere Produkte auf eine neue, individuelle und richtig rockige Art auf dem Grill zubereiten und damit alle Ihre Gäste mit außergewöhnlichen Gerichten überraschen können.

In diesem Sinne: Viel Spass und Roast'n'Roll

GRILLEN

Wir unterscheiden zwischen indirektem und direktem Grillen. Beim direkten Grillen liegt das Grillgut über der Wärmequelle, beim indirekten Grillen befindet sich die Wärmequelle seitlich des Grillgutes.

Lassen Sie sich Zeit beim Grillen und planen Sie gut voraus. Ich richte das Grillgut immer vor dem Grillfest her, dadurch kann ich als guter Gastgeber mehr Zeit mit meinen Gästen verbringen. Ich habe mir angewöhnt, immer mehrere Gänge zu grillen. Dadurch kann ich die Spannung hochhalten und meine Gäste kommen in den Genuss eines abwechslungsreichen Grillmenüs, quasi querbeet durch die Grill(gemüse)landschaft.

Die erstklassige Qualität der Zutaten und natürlich auch der Geräte und Hilfsmittel ist beim Grillen und BBQ die Grundlage zum Erfolg. Eigentlich muss man es nicht erwähnen: Aber nur mit guter Qualität lässt sich auch ein gutes Ergebnis erzielen … Ganz wichtig ist es, dass wir wissen, woher die Lebensmittel kommen, die wir essen und vor allem, wie sie hergestellt wurden.

Ich empfehle Ihnen, saisonal zu grillen. Auch das ist ein Aspekt von Nachhaltigkeit und Respekt vor der Natur. Jede Jahreszeit bringt Produkte hervor, die sich perfekt auf dem Grill zubereiten lassen. So können Sie Ihre Gäste, aber auch sich selbst, mit der einen oder anderen saisonalen Kombination überraschen und nach Belieben und nach Herzenslust Ihrer Phantasie freien Lauf lassen.

Beim Grillen sollte man allerdings nicht nur auf die sorgfältige Auswahl der Lebensmittel achten, auch die erforderlichen Geräte und Hilfsmittel müssen mit Bedacht ausgewählt werden.

Auch hier gilt: Nur mit guter Qualität kann gute Qualität erzeugt werden.

Wie jeder andere bevorzuge ich auch bestimmte Grillgeräte. Hauptsächlich grille ich, wenn ich Zeit habe oder mir die Zeit nehmen kann, da das Grillen und BBQ auf mich eine entspannende Wirkung hat. In diesem Fall arbeite ich liebend gerne mit Holzkohle und Holz. Da sind meine bevorzugten Geräte der Monolith (Kamadogrill) und natürlich der BBQ-Smoker.

Den Wok benutze ich gerne für Beilagen. Am liebsten wokke ich mit dem Roaring Dragon. Alternativ stelle ich den Wok einfach in die Glut des Holzkohlengrills und kann bequem nebenbei die Beilagen machen.

Auch den Dutch Oven benutze ich für das eine oder andere Rezept liebend gerne, vor allem, wenn wir eine größere Runde sind und ich ein Ragout oder ein tolles Dessert machen kann.

Wenn es schnell gehen muss und knurrende Mägen die Unterhaltung zu stören beginnen, greife ich gerne auf den Gasgrill zurück. Wichtig ist, dass der Gasgrill mehrere Brennstäbe hat, damit ich mühelos von direkter auf indirekte Hitze wechseln kann.

SALZ

Salz ist nicht gleich Salz. Speziell bei der Zubereitung vegetarischer Gerichte erkennt man den Unterschied der verschiedenen Salzarten. Ob Murray River Salt, Fleur del Sel, Himalaya Salz, das einfache Meersalz aus Spanien, Kroatien oder Italien. Erlaubt ist, was schmeckt, aber bitte ohne chemische Zusatzstoffe und Rieselhilfen, gerne aromatisiert mit natürlichen Kräutern.

PFEFFER

Mittlerweile gibt es im Fachhandel ein breites Sortiment an Pfeffersorten. Ich experimentiere laufend mit vielen verschiedenen Produkten. Auch hier gilt: Alles, was schmeckt, ist möglich – bleiben Sie neugierig.

GEWÜRZMISCHUNGEN

Es gibt eine Vielzahl von Gewürzmischungen bester Qualität zu kaufen. Diese benutze ich neben frischen Kräutern äußerst gerne. Wichtig ist mir nur, was in den Mischungen drinnen ist. Ich achte darauf, dass ich nur solche ohne Geschmacksverstärker und irgendwelche Zusatzstoffe kaufe.

KRÄUTERÖL

Zum Aromatisieren von vegetarischen Speisen benutze ich gerne ein selbstgemachtes Kräuteröl. Dieses stelle ich aus gemischten, fein gehackten Kräutern wie z. B. Thymian, Bohnenkraut, Minze, Salbei, einem kleinen Teil Lavendel, Rosmarin, Basilikum und Knoblauch vermischt mit gutem Olivenöl her. Dabei ist der Anteil Öl im Vergleich zu den Kräutern fast 1:1, weil ich die Kräuter auch gerne auf den Gerichten habe und nicht nur das aromatisierte Öl.

SALZZITRONE

Man kann sie ganz einfach selbst herstellen. Dazu nimmt man zunächst ein großes Einweckglas (ca. 2 l) und sterilisiert es bei 120 °C im Backofen. Dann füllt man es mit gewaschenen, trocken getupften Bio-Zitronen. Jetzt erhitzt man etwa 1 ½ l Wasser mit 400 g grobem Meersalz und wartet, bis es kocht und sich das Salz aufgelöst hat. Nun gießt man die Früchte mit dem kochenden Wasser auf, füllt das Glas ganz auf, verschließt es und stellt es auf den Kopf. Wenn die Zitronen etwa 3–4 Wochen an einem kühlen Ort durchgezogen sind, kann man sie verwenden.

REZEPTE

Die Rezepte sind, wenn nicht anders beschrieben, immer für 4 Personen ausgelegt.

OLIVENÖL

Vor einigen Jahren lernte ich durch einen glücklichen Zufall den Olivenölexperten Efthimios Christakis kennen. Efthimios hat mir seine ganze Welt des Olivenöls erklärt und versorgt mich seitdem mit besten Produkten.

Zwischen dem „Ölflüsterer", wie ich ihn nenne, und mir hat sich im Lauf der Zeit eine Freundschaft entwickelt, die ich nicht mehr missen möchte.

Wir sind mehrmals im Jahr zusammen im In- und Ausland bei Seminaren anzutreffen, um die Leute mit tollen, innovativen Gerichten, viel Wissen ums Grillen, bester Unterhaltung und natürlich mit allem rund ums Olivenöl zu verwöhnen.

Der „Ölflüsterer" ist nicht nur Olivenölhändler, sondern auch Olivenölproduzent. Außerdem veredelt er Öle und weiß daher sehr genau, von was er spricht. Von ihm stammen auch die hier zusammengestellten Informationen. Danke für deine Hilfe, Efthimios!

www.christakis.de

GRUNDSÄTZLICHES

Es gibt weltweit etwa 800 bekannte Oliven-Sorten, die verarbeitet werden. Je nach Region, Lage und Methode der Verarbeitung können besondere Olivenöle entstehen. Dennoch gibt es Gebiete und Oliven-Sorten, die besser geeignet sind als andere. In vielen Aspekten kann man Olivenöl mit einem guten Wein vergleichen – mit einer wesentlichen Ausnahme: Olivenöl wird über die Jahre der Lagerung nicht besser, es sollte immer frisch und im Erntejahr konsumiert werden.

VERWENDUNG

In der Küche und in der Ernährung sollten Olivenöle eine wichtige Rolle spielen. Dabei ist folgende Unterscheidung zu treffen: Es gibt zum einen Basic Olivenöl, ein einfaches Öl für den täglichen Gebrauch, das zum Einlegen, zur Bereitung von Kräuterölen, zum Braten und überall dort zum Einsatz kommt, wo die Textur geschmeidiger gemacht werden soll. Es können hier einfache Olivenöle verwendet werden, die nicht zu markant und dominant in Aroma und Geschmack sind. Zum anderen findet Finishing Olivenöl Verwendung. Zum sogenannten Finishing sind immer mittel- bis intensiv fruchtige Olivenöle sehr gut. Hierbei werden die Olivenöle in kleinen Mengen dosiert und zum Würzen verwendet. Auch hier ist die Menge entscheidend.

AROMEN IM OLIVENÖL ERLEBEN UND ENTDECKEN

Wer die tollen Aromen des Olivenöls genießen möchte, sollte es leicht temperieren. Dieses Erlebnis haben wir häufig, wenn eine warme Pasta, ein Risotto oder Gemüse zum Finishing mit Olivenöl beträufelt wird. Der Anstieg der Temperatur des Olivenöls setzt Aromen frei, die wir sofort bemerken: frisches Gras, Tomate, Mandel oder Artischocke sind oft erkennbar.

GÜTEKLASSEN

Es gibt drei wichtige Güteklassen von Olivenöl, die beim Kauf zu beachten sind. Die erste Güteklasse ist „Natives Olivenöl extra", auch bekannt als extra vergine. Hierbei handelt es sich um ein Olivenöl, das durch Pressung oder Extraktion unter 27 °C mechanisch hergestellt wird. Es muss einen freien Fettsäuregehalt von unter 0,8 % haben und, was ganz wichtig ist, es darf im Aroma und Geschmack keine Fehlernote aufweisen. Die zweite Güteklasse ist „Natives Olivenöl". Hier kann das Olivenöl leichte Fehler in Aroma und Geschmack haben und darf einen freien Fettsäuregehalt von bis zu 2 % aufweisen. Die dritte Güteklasse ist „Olivenöl". Hier handelt es sich um ein raffiniertes Olivenöl, gemischt mit einem minimalen Anteil von etwa 2 % der ersten Güteklasse. Das Olivenöl darf einen freien Fettsäuregehalt von bis zu 1 % haben.

HERSTELLUNG

Die bekanntesten Herstellungsarten sind die traditionelle Pressung oder die moderne Extraktion. Bei der traditionellen Pressung werden die Oliven mit einer Steinmühle zerkleinert und auf Matten transportiert. Sie werden aufgehäuft und mit einer Presse zusammengepresst, um den Olivensaft zu gewinnen. Mit der Zentrifuge wird dann das Fruchtwasser vom Olivenöl getrennt. Die Temperatur bei diesen Prozessen darf nicht über 27 °C steigen, damit es in der ersten Güteklasse eingestuft werden kann. Diese Methode wird seit Jahrtausenden angewendet. Bei der modernen Extraktion gehen die Oliven nach dem Waschen zum Zerkleinern. Die Oliven werden mit scharfen Messern geschnitten. Danach geht es zum Malaxier (Knetmaschine), in dem das Ganze zu einem Brei geknetet wird. Die nächste Stufe ist die Zentrifuge. Je nachdem, welches Gerät man benutzt, wird die vorhandene Flüssigkeit von der Masse in zwei oder drei Phasen getrennt. Auch hier gilt es darauf zu achten, dass die Temperatur bei den Prozessen nicht über 27 °C steigt.

GESUNDHEIT

Der Verzehr von 20 ml Olivenöl pro Tag kann die Gesundheit positiv unterstützen. Fachbegriffe wie a-Tocopherole, Oleuropein, Oleacein, Hydroxytyrosole, Polyphenole, Oleacanthal, Omega 9 findet man in vielen Berichten und Studien, wenn es über die Gesundheitswirkung von nativem Olivenöl extra geht. Die Liste der Anwendungen und Möglichkeiten ist lang. Wichtig ist zu wissen, dass die Kombinationen der erwähnten Inhaltsstoffe sehr starke antioxidative und entzündungshemmende Wirkungen auf den menschlichen Körper haben. Die Zellmembranen werden stabiler und weniger anfällig gegen die Zerstörung durch freie Radikale. Genauso gut eignet es sich für die äußere Anwendung, Ihre Haut wird es Ihnen danken!

REZEPTE

FOLIENGEMÜSE

Gut vorzubereiten, schnell gemacht. Als Hauptgericht oder als Beilage immer ein Treffer.

---

2 rote Paprika, 1 gelbe Paprika, 1 Zucchini, 6 grüne Spargel, 1 große Zwiebel, 150 g Feta, 4 EL Olivenöl, Salz, Pfeffer, 4 Bögen Alufolie in DIN-A4-Größe

---

Die Paprika vom Kerngehäuse befreien, die Zwiebel schälen, beim Spargel das holzige Ende entfernen. Nun das ganze Gemüse und den Käse in mundgerechte Stücke schneiden und mittig auf die Folie legen. Mit Salz und Pfeffer würzen, mit dem Olivenöl beträufeln. Gut verschließen und bei indirekter Hitze (ca. 180-200 °C) etwa 15 Minuten grillen.

GEGRILLTER CAMEMBERT MIT APRIKOSEN

Ich habe das Glück, dass in unserem Garten ein Aprikosenbaum steht, der bei uns in Österreich eigentlich Marillenbaum heißt. Genau dieser Marillenbaum versorgt uns im Sommer mit schmackhaften Exemplaren der Sorte „Ungarns Beste". Wir essen die Früchte frisch vom Baum, aber ich mache aus den nicht ganz so schönen Früchten auch Marmeladen oder Chutneys. Irgendwann kam mir die Idee, Käse und Frucht zusammen auf dem Grill zuzubereiten, da beide Produkte gut miteinander harmonieren. Es gibt mittlerweile schon einige Varianten, wie z. B. mit Zwetschgen auf dem Räucherbrett oder mit Trauben und Nüssen mit Honig. Auch der Taleggio mit schwarzen Nüssen ist ein äußerst köstliches Gericht.

---

4 kleine Camemberts, 3 Aprikosen, 4 EL Aprikosenmarmelade, 1 kleine Chili, fein gehackt, 4 kleine Scheiben Weißbrot

---

Die Camemberts auspacken und in vier kleine, hitzebeständige Schalen geben. Die Aprikosen entkernen und in kleine Würfel schneiden. Mit der Marmelade und dem Chili vermischen und auf den Camemberts verteilen. Nun bei indirekter Hitze (200 °C) und geschlossenem Deckel ca. 15 Minuten grillen, bis der Käse zu rinnen beginnt. Je nach Reife des Käses kann die Grillzeit etwas variieren. Das Brot auf direkter Hitze etwas angrillen und mit dem Käse servieren.

FLAMMKUCHEN MIT SPARGEL UND OLIVEN

1 Packung Flammkuchenteig (Fertigprodukt),
12 grüne Spargel, 4 EL schwarze Oliven,
entkernt und halbiert, 6 EL Crème fraîche,
½ TL Salz, Pfeffer, aus der Mühle,
1 EL Bohnenkrautblätter

Den Flammkuchenteig ausrollen, in 4 Teile schneiden und mit der Crème fraîche bestreichen. Die Spargel der Länge nach halbieren und auf den Teig legen. Nun die Olivenhälften gleichmäßig darauf verteilen.

Einen Pizzastein bei indirekter Hitze (250 °C) erwärmen. Die Flammkuchen auflegen und ca. 8-10 Minuten grillen, bis sie eine schöne Farbe haben und knusprig sind. Kurz vor dem Servieren mit Salz, Pfeffer und etwas Bohnenkraut abschmecken.

Eine tolle, schnelle Vorspeise zu einem guten Glas Weißwein oder auch als Hauptspeise. In diesem Fall dann einfach die Mengen nach Bedarf erhöhen.

SALAT MIT HIMBEEREN UND MANGO

4 Salatherzen, 16 Himbeeren, 1 reife Mango, 6 EL Olivenöl, 2 EL Sherryessig, 1 Stück Parmesan, Salz, schwarzer Pfeffer, frisch gemahlen

Die Salatherzen der Länge nach teilen. Die Mango schälen, das Fruchtfleisch um den Kern ablösen und in mittelgroße Würfel schneiden. Das Olivenöl und den Essig in einer Schüssel vermischen, mit Salz und Pfeffer abschmecken und die Schnittflächen des Salates damit beträufeln. Die Mangowürfel in der restlichen Marinade ziehen lassen. Den Grill vorheizen und den Salat bei direkter Hitze auf der Schnittfläche etwa 3–5 Minuten grillen. Danach den Salat umdrehen und mit der Schnittfläche nach oben etwa 5 Minuten indirekt grillen. Auf einem Teller anrichten, mit der Marinade beträufeln, mit den Himbeeren und den Mangowürfeln garnieren und mit dem Trüffelhobel Parmesan darüberhobeln.

Salat vom Grill – das hört sich im ersten Moment recht seltsam an, ist aber ein tolles sommerliches Gericht, mit dem Sie überraschen können.

KICHERERBSENBURGER MIT SÜSSER OLIVENCREME

Fingerfood war gestern. Ich habe bei meinem letzten Buch schon einige Varianten Löffelfood vorgestellt. Beim Start eines Grillmenüs macht es unheimlich Eindruck, wenn Sie auf einer Holzplatte Löffel mit Appetizern servieren. Den Löffel kann man besser halten als die blöden Spieße und sämtliche Kräuter, die beim Garnieren neben den Löffel fallen, dienen gleichzeitig als Dekoration.

---

150 g gekochte Kichererbsen, 150 g rote Bohnen aus der Dose, 6 EL schwarze Tapenade, 1 EL Honig, 2 EL Thymianzweige, ¼ TL Salz, ¼ TL Pfeffer, 1 Prise Chilipulver

---

Die Erbsen und die Bohnen in einer Schüssel mit einer Gabel fein zerdrücken. Mit Salz, Pfeffer und Chili würzen. Die Olivencreme mit dem Honig verrühren.
Die Erbsen-Bohnenmasse zu kleinen mundgerechten Burgern formen. Auf dem Grill bei direkter Hitze etwa 4 Minuten pro Seite grillen. In den Löffeln anrichten und mit etwas Olivencreme dekorieren. Mit Thymian bestreuen – fertig.

GEGRILLTER HALLOUMI MIT TRAUBEN, KAPERN UND NÜSSEN

Grillkäse ist nicht jedermanns Sache. Kombiniert mit süßen Früchten und säuerlichen Kapern ergibt er ein herrlich sommerliches Gericht.

---

250 g Halloumi, 100 g weiße Trauben, 4 TL Kapern aus der Salzlake, 4 EL Walnüsse, geschält und halbiert, 1 Aprikose, 4 EL Olivenöl

---

Den Käse in 4 gleich große Stücke schneiden. Die Trauben halbieren. Das Olivenöl in eine Schale geben und die Kapern mit dem Öl verrühren. Mit einem scharfen Messer ganz dünne Scheiben von der Aprikose herunterschneiden. Nun den Käse auf dem vorgeheizten Grill bei starker direkter Hitze von beiden Seiten etwa 4 Minuten grillen, sodass er schön Farbe annimmt und Röstaromen entwickelt.

Die halbierten Trauben in ein nicht zu hohes Glas geben, den Käse darauflegen. Mit dem Kapern-Olivenölgemisch beträufeln und mit den Nüssen und den Aprikosenscheiben garnieren.

BAUERNBROT MIT PFIFFERLINGEN

4 Scheiben Bauernbrot, 200 g Pfifferlinge, 1 kleine Zwiebel, 2 Knoblauchzehen, ½ TL Salz, ½ TL Pfeffer aus der Mühle, 2-3 EL Olivenöl, 1 TL Rosmarin, fein gehackt

Die Pfifferlinge putzen, das angetrocknete Ende des Stiels abschneiden. Die Zwiebel und den Knoblauch schälen und in kleine Würfel schneiden. Eine Grillplatte auf dem Grill auf ca. 250 °C erhitzen. Die Pilze, die Zwiebel und den Knoblauch auf die heiße Platte geben und das Olivenöl darüberleeren. Parallel das Bauernbrot bei direkter Hitze beidseitig knusprig grillen. Mit Hilfe einer Spachtel die Pilz-Zwiebel-Knoblauchmischung unter ständigem Bewegen so lange grillen, bis die Pilze gerade noch bissfest sind. Auf dem Bauernbrot mit Rosmarin servieren.

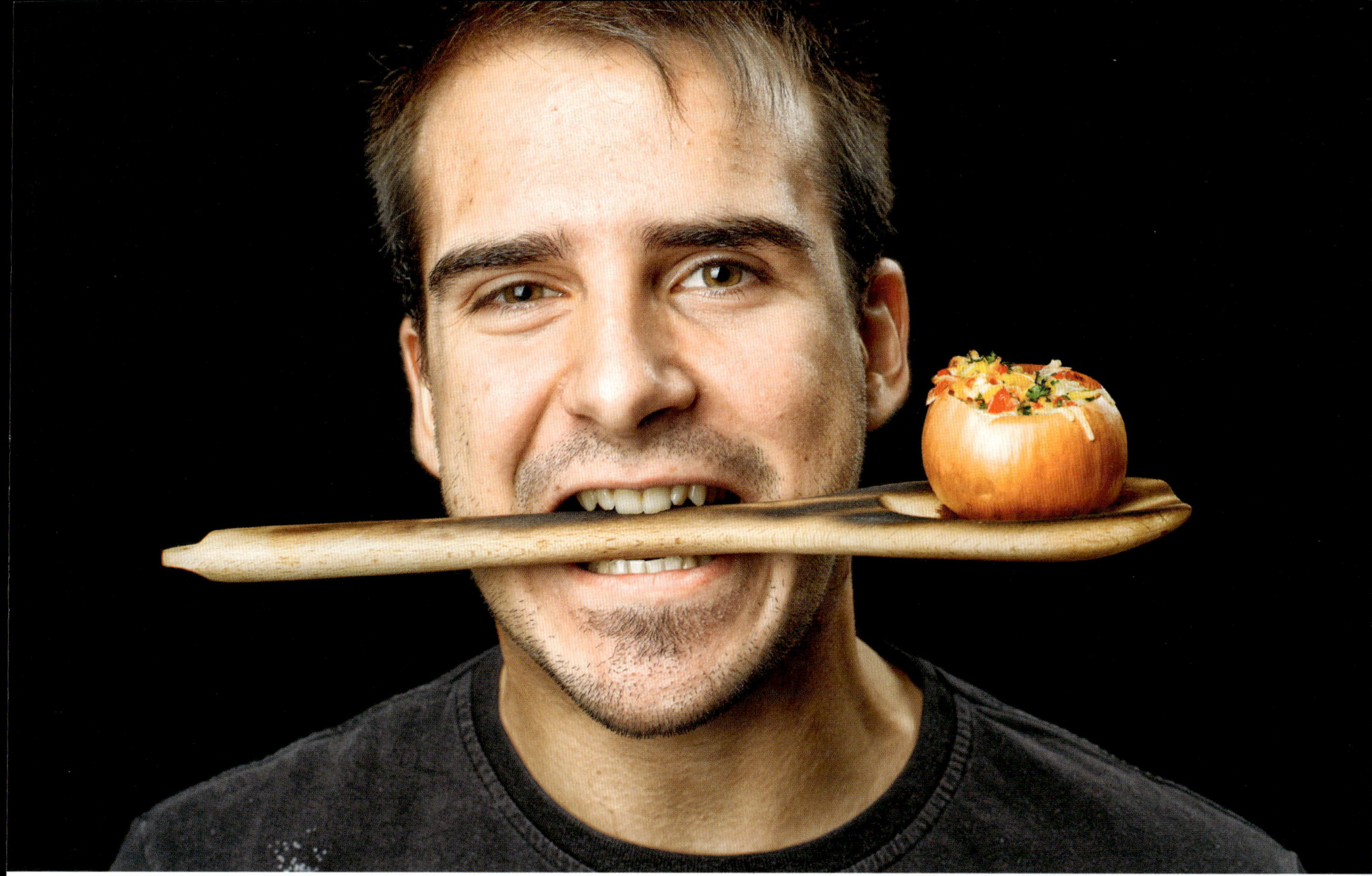

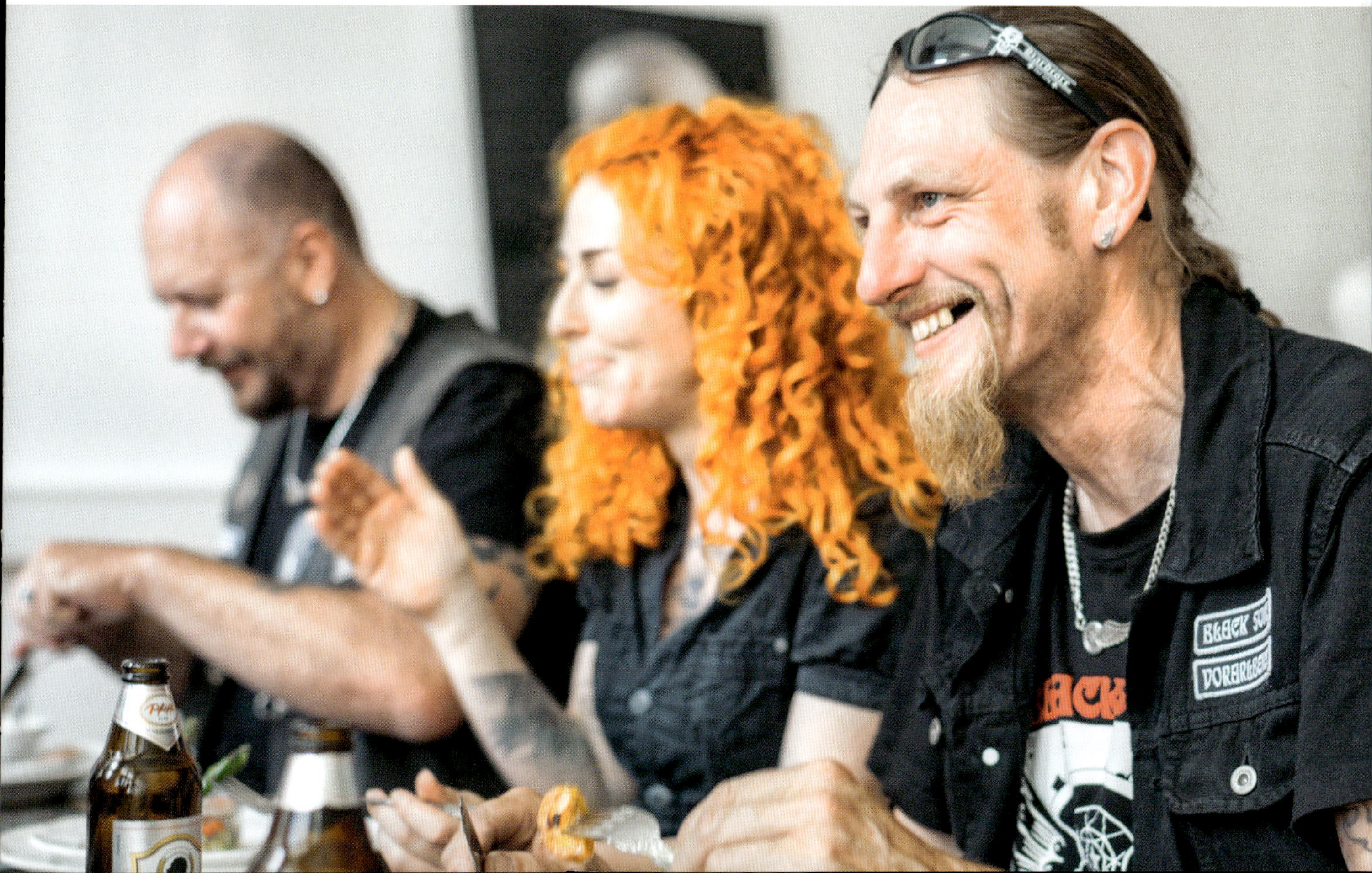

FENCHEL TRIFFT ORANGE

---
4 Fenchelknollen, 4 EL Salzbutter, 1 Orange,
2 EL Zucker, 300 ml Orangensaft, ½ TL Salz

Den Fenchel der Länge nach halbieren, die Schnittfläche etwas salzen. In einem kleinen Dutch Oven die Butter flüssig werden lassen, den Orangensaft und den Zucker dazugeben und bei starker Hitze unter gelegentlichem Rühren auf die Hälfte reduzieren. Die Orange schälen, in kleine Würfel schneiden und kurz vor dem Servieren in die Orangensauce rühren.
Den Fenchel nun auf der Schnittfläche bei direkter Hitze (ca. 250–300 °C) etwa 3–5 Minuten grillen, bis er Röstaromen entwickelt. Auf einem Teller mit der gegrillten Seite nach oben legen und mit der Orangensauce garnieren. Am besten mit einem Stück gegrilltem Bauernbrot servieren.

PASTINAKE MIT ZUCKERSCHOTEN

4 mittelgroße Pastinaken, 400 g Zuckerschoten, 1 mittelgroße Karotte, 2 Schalotten, 1 kleine rote Paprika, ½ TL Salz, ½ TL Pfeffer aus der Mühle, 4 EL Kräuteröl (siehe Rezept S. 13), 6 EL Olivenöl, 1 Schuss Weißwein, 2 Bögen Alufolie in DIN-A4-Größe

Die Pastinaken schälen und der Länge nach halbieren. Je 4 Hälften auf eine Alufolie legen und mit 2 EL Olivenöl beträufeln. Die Folie gut verschließen und bei indirekter Hitze (180–200 °C) etwa 15 Minuten weich schmoren. Die Zuckerschoten dritteln, die Karotte schälen und in kleine Streifen schneiden, die Schalotten schälen und in feine Scheiben schneiden, die Paprika vom Kerngehäuse befreien und fein würfeln. Im Grillwok 2 EL Öl erhitzen, die Schalotten, die Zuckerschoten, die Karotten und die Paprika dazugeben, mit Weißwein ablöschen und unter ständigem Rühren bissfest garen. Mit Salz und Pfeffer abschmecken. Die nun vorgegarten Pastinaken bei direkter, starker Hitze grillen, bis sie Farbe und Röstaromen bekommen. Auf dem Zuckerschotengemüse servieren und mit Kräuteröl verfeinern.

RATATOUILLE „TOMS ART" VOM GRILL

2 mittelgroße Auberginen, 2 Zucchini,
2 Zwiebeln, 2 mittelgroße Tomaten,
1 TL Salz, Pfeffer aus der Mühle,
4 EL Kräuteröl (siehe Rezept S. 13)

Die Auberginen, die Tomaten, die Zwiebeln und die Zucchini in knapp 1 cm dicke Scheiben schneiden. Die Zucchini und die Auberginen auf der Schnittfläche etwas salzen und etwa 10 Minuten beiseitestellen, damit sie Wasser ziehen können. Das ausgetretene Wasser mit einem Küchenpapier abtupfen. Nun die Zwiebeln, die Zucchini, die Tomaten und die Auberginen bei direkter Hitze (200–250 °C) auf beiden Seiten etwa 3–4 Minuten grillen. Auf einem Teller anrichten, mit Salz, Pfeffer und dem Kräuteröl würzen.

TOMATEN-PILZ-SPIESSE

16 gelbe Datteltomaten, 16 braune Champignons, 4 EL Olivenöl, 8 Rosmarinzweige, ½ TL Chilipulver, ½ TL Salzflocken, schwarzer Pfeffer aus der Mühle

Die Rosmarinzweige bis auf das letzte hintere Stück (ca. 2 cm) von den Rosmarinnadeln befreien, diese fein hacken. Abwechselnd eine Tomate und einen Pilz auf den Rosmarinspieß stecken (insgesamt je 2) und dann bei direkter Hitze (200–250 °C) rundum grillen, bis das Gemüse Röstaromen entwickelt. Aus dem Olivenöl, dem Chili und dem gehackten Rosmarin eine Marinade mischen und auf die angerichteten Spieße träufeln. Mit Salz und Pfeffer würzen.
Tipp: Wenn Sie die noch am Spieß verbliebenen Rosmarinnadeln in etwas Alufolie einwickeln, verbrennen sie nicht auf dem Grill und wirken dadurch beim Anrichten viel schöner.

SPIESSE MIT GNOCCHI, TOMATEN UND OLIVEN

16 Gnocchi, vorgekocht (Fertigprodukt), 16 Kirschtomaten, 16 grüne Oliven, 8 Blätter Babymangold, 4 EL Olivenöl, 4 Knoblauchzehen, Salzflocken, 8 Holzspieße, ca. 2 Stunden in Wasser eingelegt

Abwechselnd je 2 Oliven, Gnocchi und Kirschtomaten auf die Spieße stecken. Den Knoblauch schälen und fein hacken. Die Spieße bei direkter Hitze (ca. 250 °C) auf beiden Seiten ca. 3–5 Minuten grillen. Parallel im Grillwok das Olivenöl erhitzen, den Knoblauch dazugeben und kurz wokken. Dann den Babymangold in den Wok geben und unter ständigem Bewegen des Gemüses etwa 2 Minuten wokken. Die Spieße auf dem Mangold anrichten. Mit Salz und Pfeffer abschmecken.

KIRSCHTOMATEN MIT HONIG UND THYMIAN

4 Hand voll gemischte Minitomaten, 5-6 Zweige Thymian, 5 EL Honig, grobes Meersalz, 1 Bogen Backpapier in DIN-A3-Größe

Das Backpapier unter Wasser zerknüllen, damit es etwas Feuchtigkeit aufnimmt. Dann auf einem glatten Untergrund flachstreichen und die Außenkanten etwas nach innen rollen. Die Tomaten mittig des Backpapiers auflegen und mit dem Honig beträufeln, anschließend den Thymian auf den Tomaten verteilen. Das Ganze bei indirekter Hitze (180-200 °C) ca. 10-12 Minuten grillen, bis die Tomaten aufzuplatzen beginnen und mit grobem Meersalz bestreuen. Ich serviere meine Gerichte gerne mit einem besonderen Brot, wie hier mit dem Sepia-Cranberry-Baguette von Peter Kapp.

GEFÜLLTE PILZE

30 g Mozzarella, 1 Stück Parmesan, 8 große Pilze (z. B. Champignons), ¼ TL Salz, Pfeffer aus der Mühle, 2 EL Petersilie, fein gehackt, etwas Zitronensaft, 2 EL Olivenöl

Die Stiele aus den Pilzen entfernen und gemeinsam mit dem Mozzarella in feine Stücke hacken. Mit der Petersilie vermischen und mit Salz und Pfeffer abschmecken. Die Masse in die Pilze füllen und großzügig Parmesan darüber reiben. Die restliche Füllung mit etwas Olivenöl vermischen und mit einem Spritzer Zitronensaft würzen.
Die Pilze bei indirekter Hitze (200 °C) ca. 10–12 Minuten grillen, bis der Käse geschmolzen ist. Zusammen mit der restlichen Füllung als Garnitur servieren.

Ich kenne einen Jungen aus dem Rheinland, sein Name ist Paul. Er war schon bei der Fotoproduktion des Wildbuchs dabei, hat mitgeholfen und gemeinsam mit meinen Jungs Elias und Lukas das eine oder andere Gericht mit großem Genuss verzehrt.

Bei einer Wanderung in der Eifel hat Paul diesen besonderen Stein, auf dem die Pilze angerichtet sind, entdeckt und sofort erkannt, dass er bestens in mein neues Buch passen wird.

SPARGEL, ERDBEERE UND OLIVE

8 grüne Spargel, 4 TL schwarze Oliven, gehackt, 8 Erdbeeren, 1 Frühlingszwiebel, 1 rote Paprika, 100 ml Weißwein, 1 TL frische Thymianblätter, Salz, Pfeffer, Olivenöl

Von den holzigen Enden der Spargel etwa 3 mm abschneiden und wegwerfen. Nun etwa 1 cm von den Enden der Spargel abschneiden – sie sind zu hart zum Grillen – und in kleine Würfel schneiden. Die Paprika vom Kerngehäuse befreien und ebenfalls in kleine Würfel schneiden. Im Grillwok etwas Olivenöl erhitzen. Die Spargelwürfel und die Paprika dazugeben und unter ständigem Rühren rundum anbraten. Die Frühlingszwiebel fein hacken und unterrühren. Anschließend das Ganze mit Weißwein ablöschen und bissfest garen. Zum Schluss mit dem Thymian und Salz und Pfeffer würzen. Die Erdbeeren der Länge nach auseinanderschneiden und die Schnittfläche kurz angrillen. Nun den Spargel rundum grillen, bis er weich ist.
Die gegrillten Spargel mit den Erdbeeren und den gehackten Oliven auf dem Spargelragout servieren. Mit etwas Olivenöl verfeinern.

GEFÜLLTE TOMATE MIT COUSCOUS-SALAT

4 mittelgroße Tomaten, 250 g Couscous, 250 ml Gemüsebrühe, 2 Frühlingszwiebeln, 6 EL geriebener Parmesan, 1 rote Paprika, 4 Kirschtomaten, 4 Blätter Minze, fein gehackt, 1 TL Essig, 1 EL Olivenöl, ½ TL Salz, Pfeffer nach Geschmack

Den Couscous mit der Gemüsebrühe übergießen und quellen lassen. Die Frühlingszwiebeln fein schneiden, die Paprika und die Kirschtomaten würfeln und zusammen mit der Minze in den Couscous rühren. Essig und Öl dazugeben und mit Salz und Pfeffer abschmecken.
Die Tomaten aushöhlen, mit der Couscous-Mischung füllen und mit dem Käse bestreuen. Auf dem Grill bei indirekter Hitze (ca. 180 °C) etwa 10–15 Minuten grillen.

GEMISCHTER BROT-GEMÜSE-SALAT

3 Scheiben Brot, 2 rote Paprika, 1 Gurke, 1 Zucchini, 2 Tomaten, 2 rote Zwiebeln, ½ TL Bohnenkraut, 1 kleine Chilischote, ½ TL Thymianblätter, 10-12 schwarze Oliven ohne Kern, in Scheiben geschnitten, 1 TL grobes Salz, 1 TL Tomatenflocken, Pfeffer, 1 Stück Parmesan, Schnittlauch zum Garnieren

Die Gurke schälen, halbieren und das Kerngehäuse entfernen. Die Paprika entkernen und in mundgerechte Stücke schneiden, genauso wie die Gurke und die Zucchini. Die Zwiebeln schälen und in die gleiche Größe schneiden. In einer Schüssel mit etwas Olivenöl und den Oliven marinieren. Die Grillplatte mit der glatten Seite nach oben auf dem Grill aufheizen (ca. 200 °C). Das marinierte Gemüse auf die heiße Platte schütten und unter ständigem Wenden rundum grillen. In Scheiben geschnittenes Brot parallel auf dem Grill angrillen und in mundgerechte Stücke schneiden. Chili, Thymian, Bohnenkraut fein hacken und gemeinsam mit den Tomatenflocken und den Brotwürfeln unter das Gemüse mischen. Zum Schluss die halbierten Tomaten untermischen und 3-5 Minuten mitgrillen. Mit Salz abschmecken und mit gehobeltem Parmesan und Schnittlauch servieren.

GERÄUCHERTE PAPRIKA-GAZPACHO MIT KNOBLAUCH-BROTSTREIFEN

3 rote Paprika, Rosmarin, Thymian,
1 Knoblauchzehe, Kräutersalz, Olivenöl,
600 ml Gemüsefond

Die Paprika halbieren, entkernen und auf der Hautseite grillen, bis sie Farbe bekommen. Danach in kleine Stücke schneiden und zusammen mit dem Fond, dem Knoblauch und den Kräutern pürieren. Durch ein Sieb streichen und mit Olivenöl, Salz und Pfeffer abschmecken.
Gemeinsam mit Knoblauchbrotstreifen vom Grill servieren.

HALLOUMI-SPARGEL-APRIKOSEN-GEMÜSE

8 Aprikosen, halbiert, 8 grüne Spargel, 200 g Halloumi, in 2 cm große Würfel geschnitten, 1 Salzzitrone (Rezept Seite 13), Olivenöl, Salz, Pfeffer

Den Spargel waschen und die holzigen Enden abschneiden. Rundum grillen, bis er weich ist. Die Halloumi-Würfel auf beiden Seiten grillen, sodass ein schönes Grillmuster entsteht. Die Aprikosen auf der Schnittseite ca. 5 Minuten angrillen. Zusammen mit dem Spargel und dem Käse auf einem Teller anrichten, mit gehackten Salzzitronen und etwas Olivenöl verfeinern. Mit grobem Salz abschmecken.

SESAM-TOFU AUF AVOCADOCREME

2 reife Avocados, 1 TL Chilipaste, 1 TL Korianderpaste, ½ TL Salz, Pfeffer, 100 g Tofu, 1 EL Sesam, 4 EL Sojasauce, 4 EL Sesamöl, Saft und abgeriebene Schale einer Bio-Orange, Frühlingszwiebelringe zum Garnieren

Den Orangensaft und den Abrieb mit dem Öl und der Sojasauce vermischen. Den Tofu darin einlegen und mit etwas Sesam bestreuen. Im Kühlschrank zugedeckt etwa 3-5 Stunden marinieren.
Das Avocadofleisch pürieren, mit Chili- und Korianderpaste, Salz und Pfeffer abschmecken. Den Tofu etwas abtropfen lassen und bei hoher, direkter Hitze 3-5 Minuten pro Seite grillen. Auf der Avocadocreme anrichten und mit der Marinade und den Frühlingszwiebelringen garnieren.

ROTE BETE MIT FRISCHKÄSE

2 gekochte Rote Bete, 2 Packungen Frischkäse, 4 Frühlingszwiebeln,
1 Prise Salz, 1 Prise Pfeffer, 2 EL Cornflakes, 2 EL Olivenöl,
4 Knoblauchzehen, fein gehackt, Sprossen zum Garnieren

Die Rote Bete in etwa ½ cm dicke Scheiben schneiden und auf beiden Seiten ca. 5 Minuten direkt grillen. Das Olivenöl im Grillwok erhitzen und den Knoblauch rösten, bis er leicht Farbe bekommt.
Die Frühlingszwiebeln in feine Ringe schneiden und mit dem Frischkäse vermischen. Mit Salz und Pfeffer würzen.
Die gegrillten Rote-Bete-Scheiben zuerst mit dem gerösteten Knoblauch, dann mit der Frischkäsemischung bestreichen und mit den Cornflakes und den Sprossen garnieren.

GEGRILLTER RADICCHIO

1 Radicchio Trevisano, 2 EL Kürbiskernöl, 2 EL Balsamico,
1 EL Olivenöl, 2 Kräuterseitlinge, Salz und Pfeffer

Den Radicchio halbieren und die Schnittseite mit Kürbiskernöl und Balsamico bestreichen, auf der Schnittseite bei direkter Hitze etwa 3 Minuten grillen. Umdrehen und in der indirekten Zone nachgaren lassen. Die Pilze in ca. 5 mm dicke Scheiben schneiden, mit dem Olivenöl bestreichen und auf beiden Seiten einige Minuten direkt grillen. Den Salat in Streifen schneiden und auf einem angegrillten Bauernbrot zusammen mit den Pilzen servieren.

Ich sammle sämtliche Käsereste in einem verschließbaren Gefäß, um den Käse dann zu reiben und für Gratins oder andere Leckereien wie z. B. Raclette zu verwenden. Da die verschiedensten Käsesorten wie Bergkäse, Gouda, Cheddar, Tilsiter, Parmesan, Appenzeller usw. zusammenkommen, gibt das eine wilde, aber extrem leckere Käsemischung.

RACLETTE TOM-STYLE

4 große Scheiben Bauernbrot, etwa 300 g der besagten Käsemischung, 8 dünne Scheiben Blauschimmelkäse (Stilton, Gorgonzola) 2 Knoblauchzehen, schwarzer Pfeffer aus der Mühle

Den Knoblauch schälen, mit Hilfe einer Knoblauchpresse auf dem Bauernbrot verteilen. Das Brot nun mit dem Käse bestreuen, mit den Käsescheiben belegen und bei indirekter Hitze (200-250 °C) grillen, bis der Käse geschmolzen ist. Mit schwarzem Pfeffer würzen und servieren.

HERBSTBROT

1 Rolle Pizzateig (Fertigprodukt), 100 g Blauschimmelkäse, 1 Birne, fein geraspelt, schwarzer Pfeffer aus der Mühle

Den Pizzateig ausrollen und in 3 Teile schneiden. Den Blauschimmelkäse auf den Teighälften zerbröseln, die Birne darauf zerteilen, mit Pfeffer aus der Mühle würzen. Den Teig zusammenrollen und bei indirekter Hitze (200° C) ca. 25 Minuten grillen.

TOMATEN-KRÄUTER-BROTROLLE

Den Pizzateig ausrollen und in 4 gleiche Teile schneiden. Die Teile mit grob gehacktem Knoblauch und den Kräuter bestreuen.

Tomaten abtropfen lassen, in feine Streifen schneiden und auf dem Teig verteilen.

Pizzateig (Fertigprodukt), 1 EL Knoblauch, gehackt, 2 EL Kräuter (Rosmarin, Thymian, Basilikum), 6 getrocknete Tomaten in Öl

Das Ganze zusammenrollen und ca. 25 Minuten bei 200 °C indirekt grillen.

GEGRILLTER CHICORÉE MIT RAUCHEIDRESSING

4 Chicorée, 5 Eier, 2 Zwiebeln, 20 Kapernäpfel,
1 Knoblauchzehe, einige Stängel Schnittlauch,
1 ½ EL Senf, 2 EL Weißweinessig,
4 EL Olivenöl, Salz, Pfeffer

Die Schalen der Eier vorsichtig aufklopfen, sodass der Rauch eindringen kann. Im Kugelgrill mit Einsatz von Räucherspänen oder im BBQ-Smoker bei 120-150 °C etwa 40 Minuten räuchern. Die Eigelbe auslösen. Das Eiweiß, die Zwiebeln, die Kapern und den Knoblauch in feine Würfel hacken. Den Schnittlauch in feine Ringe schneiden.
Die Eigelbe zerdrücken und mit Senf und Essig glattrühren. Das Öl tröpfchenweise wie bei einer Mayonnaise einrühren. Mit Salz und Pfeffer abschmecken. Die vorbereiteten Zutaten unterrühren. Den Salat auf der Schnittseite bei direkter Hitze (ca. 200 °C) etwa 5 Minuten grillen und mit dem Raucheidressing servieren, mit den Schnittlauchröllchen bestreuen.

Dass Räuchern beim vegetarischen Grillen auch seine Berechtigung hat, möchte ich Ihnen mit dem folgenden Rezept zeigen. Etwas aufwendig, aber verdammt lecker – Smok'n'Roll.

ARTISCHOCKE MIT PAPRIKA, TOFU UND OLIVEN

4 Artischockenböden, frisch oder aus der Dose, 2 Frühlingszwiebeln, 1 rote Paprika, 3 EL grüne Oliven, 80 g Tofu, geräuchert, 2 EL Olivenöl, 2-3 Thymianzweige, Salz, Pfeffer

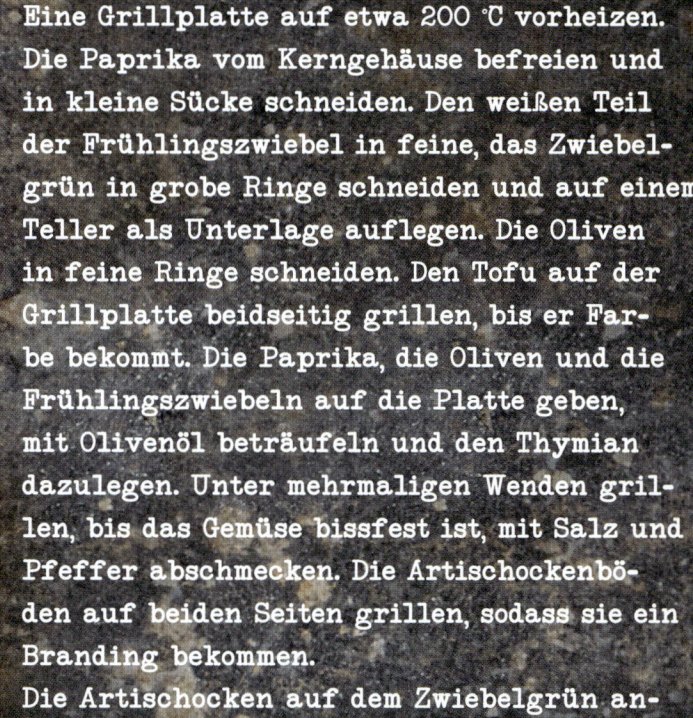

Eine Grillplatte auf etwa 200 °C vorheizen. Die Paprika vom Kerngehäuse befreien und in kleine Sücke schneiden. Den weißen Teil der Frühlingszwiebel in feine, das Zwiebelgrün in grobe Ringe schneiden und auf einem Teller als Unterlage auflegen. Die Oliven in feine Ringe schneiden. Den Tofu auf der Grillplatte beidseitig grillen, bis er Farbe bekommt. Die Paprika, die Oliven und die Frühlingszwiebeln auf die Platte geben, mit Olivenöl beträufeln und den Thymian dazulegen. Unter mehrmaligen Wenden grillen, bis das Gemüse bissfest ist, mit Salz und Pfeffer abschmecken. Die Artischockenböden auf beiden Seiten grillen, sodass sie ein Branding bekommen.
Die Artischocken auf dem Zwiebelgrün anrichten, mit dem Gemüse füllen. Den Tofu fein würfeln und darüberstreuen.

GRILLSPIESS HELLAS

16 Würfel fester Feta (Kantenlänge 2 cm), 16 grüne Oliven, 10 schwarze Oliven, 1 rote Paprika, 1 TL Rosmarin, fein gehackt, 4 EL Olivenöl, Salz, schwarzer Pfeffer aus der Mühle, 4 gewässerte Grillspieße

4 Käsewürfel und 4 grüne Oliven abwechselnd auf den Grillspieß stecken. Die Paprika vom Kerngehäuse befreien und in kleine Würfel schneiden. Die schwarzen Oliven ebenfalls klein schneiden.
2 EL Olivenöl im Grillwok oder Dutch Oven erwärmen und die Paprika und die Oliven unter ständigem Rühren bissfest garen. Mit Salz und Pfeffer abschmecken, den gehackten Rosmarin unterheben.
Die Spieße bei direkter Hitze (200 °C) auf der Grillplatte auf 2 Seiten kurz grillen und aufpassen, dass der Käse nicht verläuft. Den Spieß auf dem Teller anrichten und mit Olivenöl beträufeln, das Paprika-Olivengemüse neben dem Gemüse dekorativ auf dem Teller platzieren.

TOMATE UND ZUCCHINI GEFÜLLT

2 Zucchini, 4 Tomaten, ca. 15 kleine gelbe Strauchtomaten, 150 g weicher Feta, 2 Champignons, 1 Stück Parmesan, Salz, Pfeffer, einige Blätter Basilikum

Die Zucchini und die Tomate aushöhlen. Den Feta in einer Schüssel mit einer Gabel zerdrücken. Die Strauchtomaten unter den Käse mischen. Mit Pfeffer abschmecken. Die Fetamasse nun in das Gemüse füllen. Großzügig Parmesan über die Tomaten reiben. Bei indirekter Hitze (200–220 °C) ca. 15 Minuten grillen, bis der Feta in den Zucchini fast geschmolzen ist und der Parmesan auf der Tomate Farbe bekommen hat.

Es ist zwar ein einfaches Rezept – aber dennoch ein Geschmackserlebnis. Unheimlich lecker, es eignet sich aber nicht für Kinder.

BAUERNBROT TRIFFT KÄSE UND ROSINEN

---

8 kleine reife Rotschmierkäse,
6 EL Rosinen, 8 EL guter Rum,
4 Scheiben Bauernbrot,
4 Räucherbrettchen.

Die Rosinen ca. 4–5 Stunden im Rum marinieren. Das Bauernbrot auf beiden Seiten bei direkter Hitze (200–250 °C) grillen, bis es knusprig ist. Auf jedes Brot 2 Käse legen und die Rosinen auf dem Käse verteilen. Das Brot nun auf einem Räucherbrettchen bei indirekter Hitze (ca. 180 °C) 10–15 Minuten grillen, bis der Käse zu rinnen beginnt. Die Grillzeit variiert je nach Reife des Käses.

Durch meine Grillkurse komme ich viel herum in der Welt der Genüsse. Ich lerne viele nette Menschen kennen, bei einigen entstehen auch persönliche Freundschaften, die ich sehr, sehr schätze. Und ich komme immer wieder gerne an die Orte zurück, um Seminare oder Buchpräsentationen zu machen, von denen ich weiß, dass Freunde da sind, die ich wegen der geographischen Distanz leider viel zu wenig sehe, um mit ihnen zu plaudern und den einen oder anderen kulinarischen Leckerbissen zu genießen. Zwei dieser Freunde sind Brit und Thomas aus Gera. Thomas hat mir vor einiger Zeit den Messerschmied Janosch vorgestellt, den ich in Hohenstein in seiner Messerschmiede besucht habe. Er führte mich durch seine Werkstätte und erklärte mir, wie er seine einzigartigen Messer herstellt. Ich habe seit jeher ein Faible für Qualität und Handarbeit und war überwältigt von der Raffinesse, der handwerklichen Präzision und vom Design seiner Messer. Es ist ein wunderbares Gefühl, mit einem von Janosch speziell für mich hergestellten Messer zu arbeiten.

CROSTINI MIT KNOBLAUCH

Die Knoblauchknolle quer halbieren. Die Schnittfläche leicht salzen und mit Olivenöl beträufeln. Die Knolle an den Schnittflächen zusammenpressen und in die Alufolie wickeln. Nun bei indirekter Hitze (200 °C) 45 Minuten schmoren lassen. Den Knoblauch aus der Schale drücken, mit einer Gabel pürieren und mit Salz abschmecken.
Die Brotscheiben bei direkter Hitze (200–250 °C) auf beiden Seiten grillen, bis das Brot knusprig ist. Mit der Knoblauchcreme bestreichen und servieren. Die restliche Knoblauchcreme für das nächste Rezept beiseitestellen.

12 Scheiben Baguette, 1 Knolle Knoblauch, 1 Prise Salz, ½ EL Olivenöl, 1 kleines Stück Alufolie in DIN-A5-Größe

Ein Klassiker zum Aperitif oder als Vorspeise. Einfach, schnell und verdammt lecker.

CROSTINI MIT TOMATEN UND BASILIKUM

12 Scheiben Baguette, 2 Tomaten,
1 TL Knoblauchcreme (siehe Rezept S. 90),
8–10 schwarze Oliven, fein gehackt,
10 Basilikumblätter, Salz, schwarzer
Pfeffer aus der Mühle, 2 EL Olivenöl,
2 reife Avocados, 1 TL Koriander, fein
gehackt, 1 kleine Chili, fein gehackt

Die Tomaten vierteln, das Kerngehäuse entfernen. Das Tomatenfleisch fein würfeln und mit fein geschnittenem Basilikum, Olivenöl, den Oliven und der Knoblauchcreme vermischen. Mit Salz und Pfeffer abschmecken.
Die Brotscheiben bei direkter Hitze (200–250 °C) auf beiden Seiten grillen, bis das Brot knusprig ist. Mit dem Tomatengemisch belegen.
Die Avocados in der Mitte teilen, jeweils den Kern entfernen und das Fruchtfleisch mit Hilfe eines Löffels aus der Schale holen. Mit einer Gabel fein zerdrücken, den Koriander und den Chili untermischen, mit Salz und Pfeffer abschmecken. Zusammen mit den Crostini servieren.

PILZE MIT NÜSSEN UND TOFU

300 g Proppini Pilze, 100 g Walnüsse, 2 EL brauner Zucker, 30 g Butter, 1 daumengroßes Stück Ingwer, 1 EL Honig, 5 EL Sojasauce, 100 g Tofu natur, 2 Schalotten, 1 EL Petersilie, fein gehackt, 1 EL Schnittlauch, in feine Ringe geschnitten, 1 TL Chili, fein gehackt

Die Sojasauce mit dem Honig vermischen, den Ingwer schälen und in die Mischung reiben und nochmals gut verrühren. Den Tofu unter mehrmaligem Wenden in der Flüssigkeit etwa 2 Stunden marinieren.

Die Walnüsse grob hacken. Die Schalotten in Ringe schneiden. Die Butter im Grillwok bei mittlerer Hitze flüssig werden lassen und den Zucker dazugeben. Die Hitze erhöhen und den Zucker unter ständigem Rühren karamellisieren. Die Nüsse zugeben und rösten. Danach die Pilze und Schalotten dazugeben und bissfest garen. Ganz zum Schluss die Kräuter und den Chili unterheben.

Den Tofu aus der Marinade nehmen und auf beiden Seiten etwa 5 Minuten bei direkter Hitze (250 °C) grillen. Zusammen mit dem Pilz-Nuss-Gemisch servieren.

EINE ART CAPRESE

3 rote Paprika, 3 gelbe Paprika, 8 EL Pesto Genovese, 150 g Mozzarella, 3 EL Olivenöl, einige Blätter Basilikum, 4 nicht zu große Kaffeetassen oder Gläser

---

Die Paprika vierteln, die Strünke und die Kerngehäuse entfernen. Auf beiden Seiten grillen, bis sie weich sind und Röstaromen haben. Den Mozzarella in feine Scheiben schneiden. Die Kaffeetassen (oder Gläser) gründlich mit dem Olivenöl ausreiben, unten in die Tasse 2 Basilikumblätter legen. Nun mit dem Schichten beginnen. Eine Schicht Mozzarella, eine Schicht Pesto, eine Schicht Paprika, so lange, bis die Tasse voll ist. Etwa 2 Stunden kalt stellen, dann auf einen Teller stürzen – fertig.

GEFÜLLTE KARTOFFEL

4 Kartoffeln, 5 EL Sauerrahm, 3 Frühlingszwiebeln, 8 EL Käse, gerieben (Gouda, Cheddar, Bergkäse o. ä.), 4 EL Olivenöl, Salz, schwarzer Pfeffer aus der Mühle, Muskatnuss, 4 Bögen Alufolie in DIN-A4-Größe

Je eine Kartoffel mit 1 EL Olivenöl begießen und in Alufolie wickeln. Bei indirekter Hitze (200 °C) etwa 30 Minuten garen, bis sie weich sind, die Garzeit ist von der Kartoffelsorte und Größe abhängig.
Die Kartoffeln aus der Folie nehmen und der Länge nach halbieren. Die Frühlingszwiebeln fein hacken. Die Kartoffelhälften so weit aushöhlen, dass ein etwa 5 mm breiter Rand stehen bleibt. Die Kartoffelmasse mit den Zwiebeln mischen, den Sauerrahm unterrühren und mit Salz, Pfeffer und frisch geriebener Muskatnuss abschmecken. Die Masse wieder in die Kartoffelhälften füllen, mit Käse bestreuen und bei indirekter Hitze (200 °C) überbacken.

FLAMMKUCHEN MIT KARTOFFEL UND FRÜHLINGSZWIEBEL

4 Stücke Flammkuchenteig (Fertigprodukt), 1 große gekochte Kartoffel, 4 Frühlingszwiebeln, 120 g Crème fraîche, schwarzer Pfeffer aus der Mühle, 1 TL Salz, 1 TL Pimentón

Die Kartoffel schälen und in etwa 1 cm große Würfel schneiden. Die Frühlingszwiebeln in feine Ringe schneiden. Den Flammkuchenteig mit der Crème fraîche bestreichen und einen etwa 2 cm breiten Rand lassen. Mit Salz und etwas Pimentón würzen und die Kartoffelwürfel und die Zwiebeln darauf verteilen. Auf dem Pizzastein bei etwa 250 °C und geschlossenem Deckel ca. 4–6 Minuten grillen, bis der Boden knusprig ist. Vor dem Servieren mit schwarzem Pfeffer würzen.

FLAMMKUCHEN MIT ZUCCHINI-STREIFEN UND ZWIEBEL

4 Stücke Flammkuchenteig (Fertigprodukt), 1 Zucchini, 1 weiße Zwiebel, 120 g Crème fraîche, schwarzer Pfeffer aus der Mühle, 1 TL Salz, 3 TL Tomatenflocken

Die Zucchini ohne Kerngehäuse in schmale Streifen schneiden und die Zwiebel in feine Ringe schneiden. Den Flammkuchenteig mit der Crème fraîche bestreichen und einen etwa 2 cm breiten Rand lassen. Mit Salz und den Tomatenflocken bestreuen und die Zucchiniwürfel und die Zwiebeln darauf verteilen. Auf dem Pizzastein bei etwa 250 °C und geschlossenem Deckel ca. 4-6 Minuten grillen, bis der Boden knusprig ist. Vor dem Servieren mit schwarzem Pfeffer würzen.

FLAMMKUCHEN MIT FEIGEN

4 Stücke Flammkuchenteig (Fertigprodukt), 4 frische Feigen, 4 Frühlingszwiebeln, 120 g festes Schafjoghurt, schwarzer Pfeffer aus der Mühle, 1 TL Salz

Die Feigen in dünne Scheiben schneiden, die Zwiebel in feine Ringe schneiden. Den Flammkuchenteig mit dem Schafjoghurt bestreichen und einen etwa 2 cm breiten Rand lassen. Salzen und die Feigen und die Zwiebeln darauf verteilen. Auf dem Pizzastein bei etwa 250 °C und geschlossenem Deckel ca. 4–6 Minuten grillen, bis der Boden knusprig ist. Vor dem Servieren mit schwarzem Pfeffer würzen.

TORTILLA TRIFFT MAROKKO

4 mittelgroße Tortillas (Fertigprodukt),
1 große Zwiebel, 2 Karotten, 1 rote Paprika,
1 gelbe Paprika, 4 TL Ras el Hanout (marokkanische
Gewürzmischung), 2 EL Olivenöl, 1 TL Thymianblätter, fein gehackt, 4 Holzspieße

Die Karotten schälen und in Streifen schneiden, die Zwiebel schälen und würfeln. Die Paprika vom Kerngehäuse befreien und ebenfalls in Würfel schneiden. Das Olivenöl im Grillwok erhitzen und das Gemüse darin bissfest garen. Den Wok von der Flamme nehmen, das Ras el Hanout unter das Gemüse rühren. Das Gemüse auf den Tortillas verteilen und diese eng zusammenrollen. Mit dem Holzspieß fest-machen. Die Rollen auf direkter Hitze (ca. 250 °C) rundum knusprig grillen. Zum Servieren mit einem schrägen Schnitt halbieren.

GEMÜSETURM MIT FETASAUCE

1 Aubergine, 1 Gemüsezwiebel,
1 Zucchini, 1 rote Paprika,
100 g Feta, 250 ml Schafjoghurt,
1 kleiner Bund Schnittlauch,
weißer Pfeffer aus der Mühle, Salz

Die Zwiebel schälen und genauso wie die Aubergine und die Zucchini in etwa 5 mm dicke Scheiben schneiden. Die Paprika vierteln und das Kerngehäuse entfernen. Die Zucchini- und die Auberginenscheiben auf der Schnittfläche salzen, damit sie etwas Wasser verlieren. Den Feta in einer Schüssel mit einer Gabel fein zerdrücken. Den Joghurt dazugeben und gut verrühren. Den Schnittlauch in feine Ringe schneiden und in die Käse-Joghurtmasse mischen. Mit Salz und Pfeffer abschmecken. Die Auberginen und Zucchini mit einem Küchenpapier trocken tupfen und gemeinsam mit den Zwiebelscheiben bei direkter Hitze (ca. 200 °C) auf beiden Seiten grillen, bis sie bissfest sind und sich Röstaromen gebildet haben. Das Gemüse abwechselnd auf dem Teller auftürmen und mit der Sauce garnieren.

SCHWARZWURZELN MIT PARMESAN UND BUTTER

12 Schwarzwurzeln, 80 g Butter, 1 Stück Parmesan, Salz, Alufolie (Länge entsprechend der Schwarzwurzel)

Die Schwarzwurzeln schälen, auf die Alufolie legen, leicht salzen und 20 g Butter dazugeben. Die Folie zu einem Päckchen verschließen und bei indirekter Hitze (160–180 °C) 20 Minuten grillen. Das Gemüse auspacken und danach bei direkter Hitze (200 °C) rundum grillen, anschließend auf Teller verteilen, Parmesan darüberhobeln und mit der warmen Butter begießen.

KÄSEBRETT VOM GRILL

Je ca. 100-150 g Taleggio, Scarmorza, Rotschmierkäse, Camembert und Feta, 3 Zweige Rosmarin, 3-5 Zweige Thymian, 2 Birnen, 2-3 Scheiben Bauernbrot, 1 großes Räucherbrett

Den Käse auf dem Räucherbrett verteilen und die Kräuter zwischen den Käse legen. Die Birnen vierteln, das Kerngehäuse entfernen und zusammen mit dem Brot bei direkter Hitze (ca. 200 °C) auf beiden Seiten grillen, bis sich Röstaromen bilden. Das Brot in je 4 Streifen schneiden und mit den Birnen auf dem Räucherbrett platzieren. Das Brett in die indirekte Zone des auf 180–200 °C vorgeheizten Grills legen und bei geschlossenem Deckel so lange darauf lassen, bis der Käse zu schmelzen beginnt. Vom Grill nehmen und direkt vom Brett genießen.

Eigentlich hatte ich Käse eingekauft, um eine Käseplatte als Dessert anzurichten. Irgendwie war ich aber nicht glücklich mit der Präsentation, bis ich das Räucherbrett am Grill entdeckt habe … Zum Abschluss eines tollen Essens, als kleiner Imbiss mit Freunden oder einfach zu einem guten Glas Wein.

PUMPERNICKEL MIT TALEGGIO

300 g Pumpernickel, 150 g Taleggio, 100 g Indianerbohnen aus der Dose, 1 kleine Chili, Salz

Den Pumpernickel zusammen mit den Bohnen in einer Schüssel zerdrücken. Die Chili fein hacken, den Taleggio in kleine Stücke schneiden und beides in die Masse rühren, mit Salz abschmecken. Kleine Burger formen und bei direkter Hitze (200 °C) auf beiden Seiten knusprig grillen. Nach Geschmack mit einer Scheibe Tomate und Baguette servieren.

GEGRILLTE KAROTTE MIT GRÜN

4 Karotten, 4 EL Olivenöl, 250 g Naturjoghurt, Salz, schwarzer Pfeffer aus der Mühle, 4 Bögen Alufolie (Länge entsprechend der Karotten), 400 g Grillkäse

Die Karotte schälen, das Grün beiseitelegen und die Karotten auf die Alufolie geben, leicht salzen und mit 1 EL Olivenöl beträufeln. Die Folie zu einem Päckchen verschließen. Bei indirekter Hitze (180-200 °C) die Karotten 20 Minuten weichgaren. Danach aus der Folie nehmen und bei direkter Hitze (200 °C) rundum grillen, damit sich Röstaromen bilden. In der Zwischenzeit den Grillkäse zubereiten. Anschließend auf einem Teller anrichten. Das Karottengrün fein hacken, mit dem Joghurt vermischen, mit Salz und Pfeffer abschmecken und über die Karotten gießen. Mit dem Grillkäse servieren.

MIT ZIEGENKÄSE GEFÜLLTE MINIPAPRIKA

Ca. 20 gemischte Minipaprika (wer es gerne scharf mag, nimmt Chilis), 120–150 g Ziegenfrischkäse, 2 TL Thymianblätter, 1 TL rote Beeren (roter Pfeffer), zerstoßen, 1 Bogen Alufolie in DIN-A4-Größe

Den Käse in einer Schüssel mit einer Gabel fein zerdrücken. Die Thymianblätter mit den roten Beeren unter den Käse rühren.
Die Deckel der Paprika auf der Strunkseite abschneiden, die Paprika vorsichtig vom Kerngehäuse befreien, mit dem Käse füllen und mit dem Deckel verschließen. Schmale Streifen von der Alufolie abschneiden, etwas länglich zerknüllen und daraus kleine Ringe formen. Je eine Paprika in einen Aluring setzen, so fällt sie auf dem Grill nicht um. Nun bei indirekter Hitze (ca. 200 °C) etwa 8–10 Minuten grillen.

Eine spannende Variante Löffelfood. Man muss aber aufpassen, dass man sich nicht am heißen Käse den Mund verbrennt.

ROSENKOHL MIT GETROCKNETEN TOMATEN UND PARMESANWÜRFELN

10 Stück Rosenkohl, 100 g Parmesan, 8 getrocknete Tomaten in Öl, 1 Knoblauchzehe, fein gehackt, 2 EL Olivenöl, Salz, schwarzer Pfeffer aus der Mühle

Die Strünke am Rosenkohl entfernen und die Blätter einzeln ablösen. Den Parmesan in max. 1 cm große Würfel schneiden. Den Käse auf der Grillplatte bei direkter Hitze (ca. 250 °C) auf allen Seiten kurz grillen, damit Röstaromen entstehen. Die Tomaten abtropfen lassen und in feine Streifen schneiden. Das Olivenöl im Grillwok erhitzen, den Knoblauch und die Tomaten kurz anrösten. Die Rosenkohlblätter zufügen und 2-3 Minuten im heißen Wok schwenken.
Das Kohl-Tomatengemüse mit den Parmesanwürfeln garnieren und servieren.

KRÄUTERSEITLINGE MIT GEGRILLTER POLENTA

400 g Kräuterseitlinge, 300 g Minutenpolenta, 500 ml Gemüsebrühe, 50 g Parmesan, 1 weiße Zwiebel, 1 Knoblauchzehe, 1 EL Petersilie, fein gehackt, 2 EL Olivenöl, Salz, schwarzer Pfeffer aus der Mühle

Die Gemüsebrühe im Dutch Oven zum Kochen bringen. Die Polenta hineingeben und 2–3 Minuten einrühren. Den Parmesan dazureiben und gut unterrühren. Die Polenta auf ein mit Olivenöl eingeöltes Schneidbrett etwa 1–2 cm hoch aufstreichen. Abkühlen lassen, dann in dekorative Stücke schneiden.
Die Pilze in kleine Stücke schneiden, die Zwiebel und den Knoblauch schälen und in feine Ringe bzw. Scheiben schneiden. Alles auf die heiße Grillplatte (200–250 °C) geben, Olivenöl darüber träufeln. Unter ständigem Wenden bissfest grillen. Mit Salz und Pfeffer abschmecken und die Petersilie unterheben. Parallel dazu die Polentastücke auf dem Grillrost bei direkter Hitze grillen, bis sie ein schönes Branding haben. Die Pilze auf der Polenta servieren.

CHAMPIGNONS MIT KNOBLAUCH, PETERSILIE UND VANILLE

500 g kleine Champignons, 3 Knoblauchzehen, fein gehackt, 1 EL Petersilie, fein gehackt, Mark einer Vanilleschote, 5 EL Olivenöl, Salz, Pfeffer

Die Champignons putzen, das untere Ende des Stiels abschneiden. 3 EL Olivenöl im Dutch Oven oder dem Grillwok erhitzen, den Knoblauch darin kurz anschwitzen. Die Champignons dazugeben und unter ständigem Rühren etwa 5 Minuten braten, bis die Pilze ihr Wasser verloren haben. Kurz zur Seite stellen. Die Petersilie, das restliche Olivenöl und die Vanille untermischen, mit Salz und Pfeffer abschmecken. Nochmals kurz erhitzen, bis das Wasser etwas eingekocht ist. Mit frischem Brot servieren.

Während unserer Ferien in Barcelona habe ich dieses einfache, äußerst delikate Rezept in ähnlicher Form als Tapa gegessen und es hat mich sofort fasziniert. Seitdem wird es bei uns Zuhause gerne als kleine Vorspeise oder auch als Beilage serviert.

WIRSING TRIFFT PIMENTÓN UND KNOBLAUCH

1 kleiner Wirsing, 4 EL Pinienkerne,
3 Knoblauchzehen, fein gehackt,
1 TL Pimentón, 2 EL Olivenöl,
1 Spritzer Weißwein, Salz,
schwarzer Pfeffer aus der Mühle

Die äußeren Blätter am Wirsing wegnehmen, den Wirsing halbieren und den Strunk entfernen. Danach in etwa 1 cm feine Streifen schneiden. Das Olivenöl im Grillwok erhitzen und die Pinienkerne und den Knoblauch darin kurz mitbraten. Den Wirsing beimengen und sofort mit einem Spritzer Weißwein ablöschen. Nun unter ständigem Rühren etwa 5–8 Minuten bissfest wokken. Zum Schluss Pimentón unterrühren und das Ganze mit Salz und Pfeffer abschmecken.

PAPRIKA MIT FETA, KRÄUTERN UND GEMÜSECHIPS

4 rote oder gelbe Paprika, ca. 150 g Feta, 1 EL gemischte Kräuter, (Rosmarin, Bohnenkraut, Schnittlauch) fein gehackt, 1 kleine Zucchini, 1 Karotte, ½ kleine Aubergine, Salz, Pfeffer aus der Mühle, 1 Stück Backpapier

Die Karotte schälen und gemeinsam mit der Zucchini in ganz dünne Scheiben schneiden. Die Aubergine der Länge nach in möglichst dünne Streifen schneiden. Auf ein Backpapier legen und bei indirekter Hitze (200 °C) knusprig grillen.
Den Feta mit den Kräutern vermischen und mit Salz und Pfeffer abschmecken. Die Paprika der Länge nach halbieren, das Kerngehäuse vorsichtig entfernen und mit der Käsemasse füllen. Bei indirekter Hitze (200 °C) grillen, bis die Paprika weich sind. Mit den Gemüsechips garniert servieren.

Wer schon mal in Irland war, kennt sicher die traditionellen Gerichte Irish Stew oder Beef Stew, die Klassiker in der Pub-Küche. Teils unheimlich schmackhaft zubereitet, teils langweilig wie ein Stück Torf. Mich hat die Kombination mit dem irischen Nationalgetränk Stout gereizt, eine vegetarische Version aus dem Dutch Oven auszuprobieren. Allerdings muss man je nach Marke des Stouts aufpassen mit den Bitterstoffen. Mit etwas braunem Zucker können Sie sie kaschieren.

VEGGIE-STEW

Den Knoblauch fein würfeln, die Pilze putzen, das Gemüse schälen und in etwa 1–1 ½ cm große Würfel schneiden. 2 EL Olivenöl im Dutch Oven auf 8 glühenden Briketts erhitzen und den Knoblauch darin kurz anbraten. Das Gemüse beimengen und etwa 3–4 Minuten mitbraten. Den Zucker darüber streuen und nochmals gut umrühren. Den Rosmarinzweig auf das Gemüse legen und das Stout dazu gießen. Mit dem Deckel verschließen und auf diesem nochmals 5 glühende Briketts platzieren. Das Ganze etwa 1–1 ½ Stunden köcheln lassen. Den Tofu in kleine Würfel schneiden, das restliche Olivenöl im heißen Grillwok erhitzen und die Tofuwürfel darin frittieren. Die Würfel etwa 10 Minuten vor dem Servieren in den Stew rühren.

150 g gemischte Pilze, 1 Stangensellerie, 2 Kartoffeln, 1 große Zwiebel, 2 Knoblauchzehen, 1 mittelgroße Pastinake, 1 große Karotte, 80 g Tofu, 300–500 ml Irish Stout (alternativ Dunkelbier), 1 Zweig Rosmarin, 4 EL brauner Zucker, 10 EL Olivenöl, Salz, Pfeffer aus der Mühle

PITABROT MIT KÜRBISDHAL

500 g Mehl, 15 g Hefe, 300 ml lauwarmes Wasser, 1 TL Salz, 4 EL Olivenöl, 200 g Hokkaidokürbis, in dünne Scheiben geschnitten, 1 EL Garam Masala, 2 EL geröstete Kürbiskerne

Die Hefe im Wasser auflösen. Dann das Mehl und das Salz hinzufügen und alles zu einem festen Teig verkneten. An einem warmen Ort etwa eine Stunde gehen lassen.
Den Teig zu einer 2 cm dicken Rolle formen. Jeweils etwa 1 cm schmale Scheiben zu kleinen Kugeln rollen. Zugedeckt weitere 10 Minuten gehen lassen.
Die Kugeln mit dem Nudelholz zu ovalen Fladen ausrollen. Auf dem vorgeheizten Pizzastein (250 °C) und geschlossenen Deckel etwa 6-8 Minuten pro Seite backen.
Den Kürbis bei direkter Hitze (200-250°) pro Seite etwa 6-8 Minuten grillen, in ganz feine Würfel schneiden, mit dem Olivenöl vermischen und Garam Masala zufügen. Die Mischung mit einer Gabel zu einem Brei zerdrücken und immer wieder durchrühren. Die Kürbiskerne hacken und den Kürbisdhal auf dem Pitabrot mit den Kürbiskeren bestreut servieren.

Bei meinen Seminaren ist mir aufgefallen, dass viele Menschen keine Rote Bete mögen. Und das Verblüffende dabei ist, dass sich dies ändert, sobald sie auf dem Grill zubereitet wird. Das liegt wahrscheinlich daran, dass die Röstaromen, die sich beim Grillen bilden, die Rote Bete interessanter machen. Vielleicht lassen sich die Skeptiker aber auch von meinen Kreationen überzeugen. Wer weiß. Besonders gut schmeckt mir persönlich das folgende Gericht.

GEFÜLLTE ROTE BETE

4 Rote Bete, gekocht, 150 g Feta oder Ziegenfrischkäse, 1 EL Petersilie, fein gehackt, 6 EL Parmesan, gerieben, Salz, schwarzer Pfeffer aus der Mühle

Die Rote Bete halbieren und mit einem Kugelausstecher aushöhlen. Den Käse mit der Petersilie vermischen und mit Salz und Pfeffer abschmecken. Ins Gemüse füllen und mit Parmesan bestreuen. Bei indirekter Hitze (180–200 °C) grillen, bis der Parmesan Farbe bekommen hat und knusprig ist.

RAGOUT MIT ZITRONE UND OLIVEN AUS DEM DUTCH OVEN

1 Pastinake, geschält und in Stücke geschnitten, 1 große Tomate, grob geschnitten, 2 Karotten, in Stücke geschnitten, 1 Stange Staudensellerie, grob zerkleinert, 2 Knoblauchzehen, halbiert, 1 Zwiebel, fein gehackt, 4 EL grüne Oliven. 1 Zweig Rosmarin, 2 Lorbeerblätter, ½ l guter Weißwein, ½ l Gemüsebrühe, 6 EL Olivenöl, 3 EL Tomatenmark, Salz, 1 Salzzitrone (siehe Seite 13), gewürfelt, Pfeffer aus der Mühle

Den Dutch Oven auf 8 glühende Briketts stellen und das Olivenöl darin erhitzen. Die Zwiebel mit etwas Tomatenmark andünsten. Das Gemüse, die Oliven, die Kräuter, den Weißwein und die Brühe angießen und die Zitronen beimengen. Den Dutch Oven zudecken, nochmals 10 glühende Briketts auf den Deckel geben. Danach das Ragout etwa 1 ½ Stunden schmoren. Mit Salz und Pfeffer abschmecken. Die Stängel der Kräuter herausnehmen und das Ragout mit etwas Brot servieren.

Ein wirklich tolles Gericht, das sich sehr gut vorbereiten lässt. Ich serviere es gerne als Hauptspeise, es eignet sich aber in kleinen Gläsern angerichtet auch als Vorspeise.

MANGOLD MIT KNOBLAUCH AUF GRILLBROT

4 Scheiben Brot, 12 Blätter Baby-Mangold oder kleiner Pack Choi, 4 Knoblauchzehen, gehackt, 2 EL Olivenöl, 1 EL Sojasauce, Pfeffer nach Belieben

Das Brot bei direkter Hitze (250 °C) beidseitig rösten. Das Öl im Grillwok erhitzen. Den Knoblauch kurz braten, mit Sojasauce ablöschen und kurz einkochen. Den Mangold zufügen und unter ständigem Bewegen etwa 3 Minuten in der Mischung braten. Mit Pfeffer abschmecken und auf dem Brot servieren.

PILZRAGOUT AUS DEM DUTCH OVEN

100 g kleine Champignons oder andere kleine feste Pilze, 2 Frühlingszwiebeln, 2 mittelgroße Karotten, 2 Knoblauchzehen, 2 Blätter Salbei, 100 ml Weißwein, 300-500 ml Gemüsefond, Salz, Pfeffer, 1 EL kalte Butter, 2 EL Olivenöl

Den Dutch Oven auf 6-8 glühende Briketts stellen. Das Olivenöl im Dutch Oven erhitzen. Die Zwiebeln in feine Ringe schneiden, den Knoblauch schälen und klein schneiden. Die Karotte schälen und in feine Scheiben schneiden. Die Zwiebel und den Knoblauch im heißen Olivenöl anbraten, bis sie glasig sind. Die Karottenscheiben dazugeben und unter ständigem Rühren anbraten. Mit dem Wein ablöschen und einreduzieren. Die Champignons dazugeben, den Fond angießen. Den Dutch Oven mit dem Deckel verschließen und 6 glühende Briketts auf dem Deckel platzieren. Das Ganze nun etwa 30-40 Minuten köcheln lassen. Den Deckel entfernen und die kalte Butter in das Ragout rühren. Mit fein geschnittenem Salbei, Salz und Pfeffer würzen und mit gerösteten Brotwürfeln servieren.

SPIESSE MIT DRILLINGEN UND FRÜHLINGS- ZWIEBELN

16 Drillinge, 8 Frühlingszwiebeln, 8 Holzspieße, Kräuteröl

Die Drillinge längs halbieren, den vorderen weißen Teil der Frühlingszwiebeln in etwa 3 cm lange Stücke schneiden. Die halbierten Kartoffeln und die Zwiebelstücke abwechselnd auf die Holzspieße stecken. Bei direkter Hitze (200 °C) etwa 5–7 Minuten pro Seite grillen, bis die Kartoffeln weich, aber noch bissfest sind. Mit etwas Kräuteröl servieren.

3ERLEI PAPRIKA MIT FRISCHKÄSE UND KÜRBISKERNEN

Je eine rote, gelbe und grüne Paprika, 120 g Frischkäse, 3 EL Kürbiskerne, geröstet und gehackt, Salz, Pfeffer aus der Mühle

Bei den Paprika beide Enden abschneiden, das Kerngehäuse entfernen und in etwa 1 cm breite Ringe schneiden. Den Frischkäse mit den Kürbiskernen vermischen, mit Salz und Pfeffer abschmecken.
Die Paprikaringe bei direkter Hitze (250 °C) auf beiden Seiten etwa 3–5 Minuten grillen.
Mit der Frischkäse-Kürbiskernmischung servieren.

GEGRILLTER SALAT MIT ERDBEERE UND BALSAMICO

4 Salatherzen, 12 Erdbeeren, 4 EL Olivenöl, 2-3 EL guter Balsamicoessig, Salz, schwarzer Pfeffer, frisch gemahlen

Die Salatherzen der Länge nach teilen. Das Olivenöl und den Essig in einer Schüssel vermischen, mit Salz und Pfeffer abschmecken und die Schnittflächen des Salates damit beträufeln. Die Erdbeeren halbieren und bei direkter Hitze (ca. 300 °C) auf der Schnittfläche grillen, damit sie ein schönes Grillmuster bekommen. Nun den Salat bei direkter Hitze auf der Schnittfläche etwa 3-5 Minuten grillen. Danach umdrehen und mit der Schnittfläche nach oben etwa 5 Minuten indirekt grillen. Auf einem Teller anrichten, mit der restlichen Marinade beträufeln und mit den Erdbeeren garnieren. Nach Geschmack mit gerösteten Pinienkernen servieren.

GEMÜSESCHNECKEN AUS DEM DUTCH OVEN

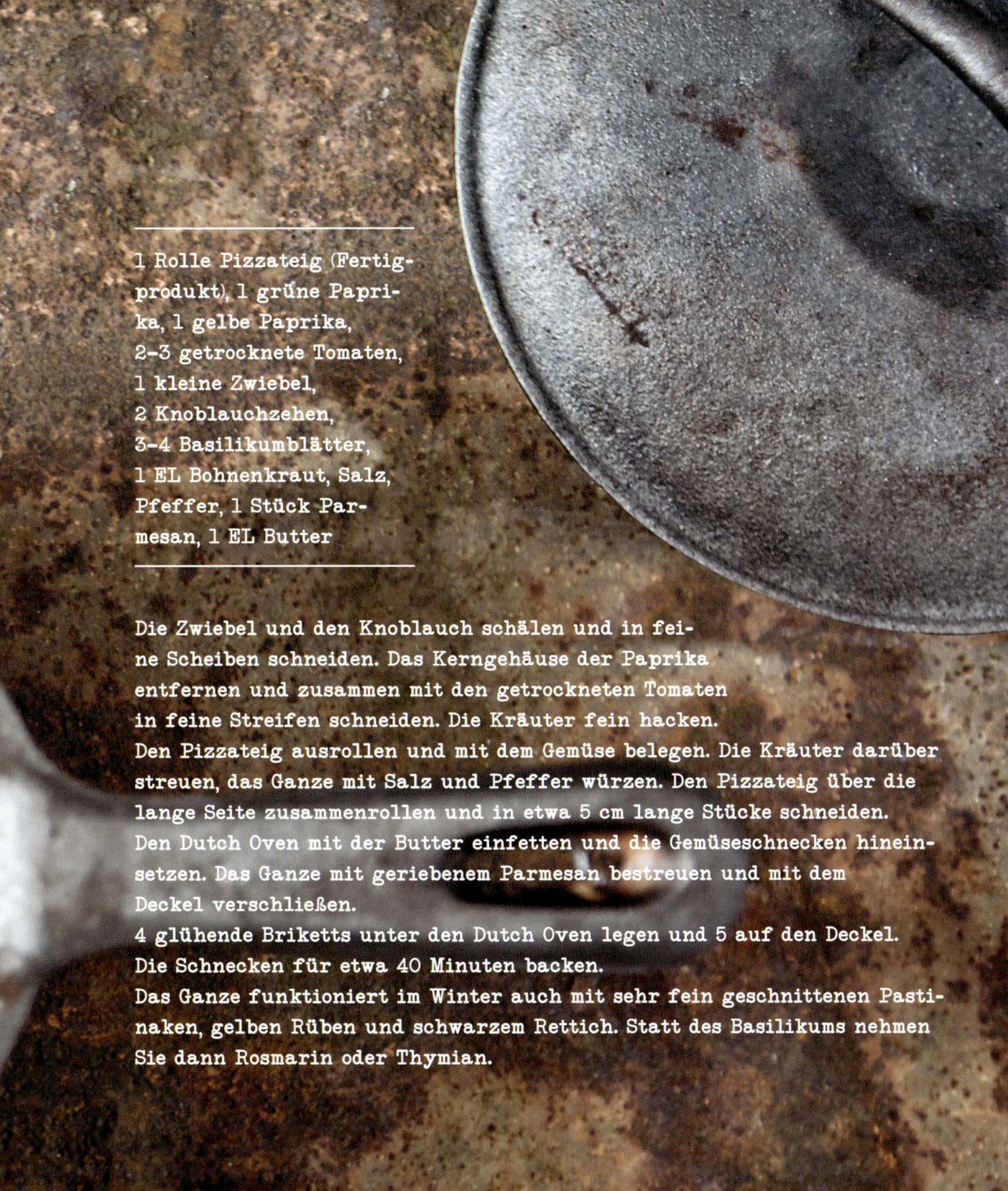

1 Rolle Pizzateig (Fertigprodukt), 1 grüne Paprika, 1 gelbe Paprika, 2–3 getrocknete Tomaten, 1 kleine Zwiebel, 2 Knoblauchzehen, 3–4 Basilikumblätter, 1 EL Bohnenkraut, Salz, Pfeffer, 1 Stück Parmesan, 1 EL Butter

Die Zwiebel und den Knoblauch schälen und in feine Scheiben schneiden. Das Kerngehäuse der Paprika entfernen und zusammen mit den getrockneten Tomaten in feine Streifen schneiden. Die Kräuter fein hacken.
Den Pizzateig ausrollen und mit dem Gemüse belegen. Die Kräuter darüber streuen, das Ganze mit Salz und Pfeffer würzen. Den Pizzateig über die lange Seite zusammenrollen und in etwa 5 cm lange Stücke schneiden.
Den Dutch Oven mit der Butter einfetten und die Gemüseschnecken hineinsetzen. Das Ganze mit geriebenem Parmesan bestreuen und mit dem Deckel verschließen.
4 glühende Briketts unter den Dutch Oven legen und 5 auf den Deckel. Die Schnecken für etwa 40 Minuten backen.
Das Ganze funktioniert im Winter auch mit sehr fein geschnittenen Pastinaken, gelben Rüben und schwarzem Rettich. Statt des Basilikums nehmen Sie dann Rosmarin oder Thymian.

GEFÜLLTE ZWIEBEL

4 kleine Zwiebeln, 1 gelbe Paprika, 1 rote Spitzpaprika, 6 EL Bergkäse, gerieben, 1 EL Petersilie, fein geschnitten, Salz, schwarzer Pfeffer aus der Mühle

Die Paprika vom Kerngehäuse befreien und in möglichst kleine Würfel schneiden. Mit dem Bergkäse und der Petersilie vermischen, mit Pfeffer und Salz abschmecken. Bei der Zwiebel den oberen Teil abschneiden, sodass eine gerade Fläche entsteht, die Zwiebel nicht schälen. Nun die Zwiebel mit einem Kugelausstecher aushöhlen und mit der Paprika-Käse-Mischung füllen. Bei indirekter Hitze (180–200 °C) etwa 15 Minuten grillen, bis die Zwiebel weich und der Käse geschmolzen ist.

GEFÜLLTES GRILLBROT

600 g Mehl, 1 TL Salz, 1 Päckchen Trockenhefe, 250 ml handwarmes Wasser, 2 EL Olivenöl, 4 EL grüne Oliven, 5 getrocknete Tomaten in Olivenöl, 1 EL Rosmarin, fein gehackt

Die Tomaten aus dem Öl nehmen und etwas trockentupfen. Gemeinsam mit den Oliven klein schneiden. Das Mehl, die Trockenhefe, das Salz und das Olivenöl mit etwas Wasser in einer Schüssel zu einem festen Teig verarbeiten. An einem warmen Ort gehen lassen, bis sich das Volumen verdoppelt hat. Den Teig nochmals durchkneten, die Oliven, die Tomaten und den Rosmarin einarbeiten und 4 gleich große Brötchen formen. Bei indirekter Hitze (180–200 °C) etwa 30 Minuten auf dem Pizzastein backen und während dieser Zeit mehrfach wenden. Nehmen Sie ein Brötchen vom Grill und klopfen mit den Fingern auf den Brötchenboden. Wenn es hohl klingt, sind die Brötchen fertig.

Buchteln mal nicht als Dessert, sondern als herzhafte Hauptspeise

KRÄUTERBUCHTELN AUS DEM DUTCH OVEN

700 g Kuchenmehl, 1 ½ Päckchen Trockenhefe, 2 TL Salz, 1 TL Rosmarin, fein gehackt, 1 TL Thymian, fein gehackt, 1 TL Petersilie, fein gehackt, 300 ml warme Milch, 2 Bio-Eier, 100 g Butter, ½ TL Pfeffer

Aus Mehl, Hefe, Milch, Zucker, Butter, Ei, Salz, Pfeffer und den Gewürzen einen weichen Teig kneten. Den Teig auch einer bemehlten Arbeitsfläche ca. 1 cm dick ausrollen. Nun mit einem Glas von etwa 7-8 cm Durchmesser runde Teigformen ausstechen und gleichmäßige Kugeln formen. In einem Dutch Oven die Teigkugeln dicht aneinander platzieren und den Dutch Oven mit dem Deckel verschließen. Nun unter dem Dutch Oven 6 und auf dem Deckel 10 glühende Kohlebriketts platzieren und die Buchteln ca. 30-40 Minuten backen.

SCHNELLE SCHNITTE MIT HERBSTGEMÜSE

1 Rolle Pizzateig (Fertigprodukt), 8 EL Sauerrahm, 2 Knoblauchzehen, fein gehackt, 4 kleine Schwarzwurzeln, geschält, 4 Stück Rosenkohl, Salz, schwarzer Pfeffer aus der Mühle

Den Pizzateig ausrollen und in 4 gleich große Stücke schneiden. Mit dem Sauerrahm bestreichen und mit dem Knoblauch bestreuen. Die Schwarzwurzel der Länge nach halbieren, den Rosenkohl vierteln. Nun den Teig mit dem geschnittenen Gemüse belegen. Mit Salz und Pfeffer würzen. Auf dem vorgewärmten Pizzastein bei etwa 250 °C und geschlossenem Deckel 10–12 Minuten grillen.

SCHNELLE SCHNITTE MIT GETROCKNETEN TOMATEN

1 Rolle Pizzateig (Fertigprodukt), 6 EL Pesto Genovese, 16 getrocknete Tomaten in Öl, 20 Kalamata Oliven, 1 Stück Hartkäse

Den Pizzateig ausrollen und in 4 gleich große Stücke schneiden. Mit der Pesto bestreichen, mit den abgetropften Tomaten und den Oliven belegen. Den Hartkäse darüber reiben und auf dem vorgewärmten Pizzastein bei etwa 250 °C und geschlossenem Deckel 10–12 Minuten grillen.

Schnelle Schnitten sind - wie der Name schon sagt - ein schnelles Gericht. Entstanden ist die ganze Sache, wie viele meiner Gerichte, spontan. Irgendwie wollten wir zu einem Glas Rotwein eine Kleinigkeit essen, ich hatte aber keine Lust (lag sicherlich am Weinkonsum), großen Aufwand zu betreiben. So verarbeitete ich einige Dinge, die im Kühlschrank waren.

APRIKOSENROLLE

---

1 Packung Blätterteig, 350 g getrocknete Aprikosen, 5 EL geriebene Haselnüsse, 2 EL Aprikosenbrand, 1 EL Rohrzucker, 2 Eigelb

---

Den Blätterteig ausrollen. Die Aprikosen in mittelgroße Stücke schneiden und mit dem Brand, den Nüssen und dem Zucker vermischen. Auf dem Teig verteilen und diesen zusammenrollen. Das Eigelb verrühren und die Teigrolle damit bestreichen.
Bei indirekter Hitze (180 °C) ca. 20 Minuten grillen, bis der Teig schön braun und knusprig ist.

Ein schnelles Dessert vom Grill.
Funktioniert auch mit Dörrpflaumen,
Datteln oder getrockneter Ananas.
Nur der Brand muss passen ...

Im Sommer mache ich als Dessert gerne gegrilltes Obst. Nach einem ausgedehnten Grillmenü darf es nicht zu viel sein, aber eine Kleinigkeit ist nötig. Solange es Pfirsiche und Nektarinen gibt, sind diese bei mir immer gesetzt. Mit einer guten Schokolade gefüllt, sind sie eine wahrhaft süße Sünde, ganz einfach ein gelungener Abschluss. Sehr gut kommen die Schokoladenpfirsiche auch an, wenn man sie zum Nachmittagskaffee anstelle eines Kuchens anbietet.

SCHOKOLADEN-PFIRSICH

2 Pfirsiche, alternativ Nektarinen, 4 Vollmilch-Schokoladenkugeln oder 4 große Nougatpralinen, 2 Eiweiße, 1 EL Puderzucker, 1 Prise Salz

Die Pfirsiche halbieren, den Kern entfernen und mit einem Kugelausstecher das Loch des Kerns so vergrößern, dass die Schokoladenkugel zu $3/4$ im Pfirsich steckt. Das Eiweiß mit einer Prise Salz in eine Schüssel geben und mit dem Mixer fast steif schlagen. Den Puderzucker nach und nach dazugeben, bis ein steifer Schnee entstanden ist. Nun die Schnittfläche mit der Schokoladenkugel großzügig und dekorativ mit einer Schneehaube verschließen, den Grill auf 200 °C vorheizen und die Pfirsiche bei indirekter Hitze und geschlossenem Deckel etwa 12–15 Minuten grillen. Wenn Sie die warme Schokolade riechen können, ist das Dessert fertig.

SCHOKOLADENKUCHEN MIT GEGRILLTER MANGO

2 Mangos, 2 EL Palmzucker oder brauner Zucker

Das Mangofruchtfleisch seitlich auslösen und bis zur Schale rautenförmig einschneiden. Die Schnittflächen mit Palmzucker bestreuen. Auf dem Grill mit der Fruchtseite nach unten bei direkter Hitze ca. 7 Minuten grillen.

FÜR DEN KUCHEN

100 g Butter, 100 g Zartbitterschokolade (70 % Kakaoanteil),
3 Eier, 120 g Zucker, 40 g Mehl

Die Butter und die Schokolade in einem Topf bei geringer Temperatur schmelzen. Die Eier und den Zucker mit dem Schneebesen des Handrührgerätes in einer Metallschüssel über dem heißen Wasserbad aufschlagen, bis sich das Volumen verdoppelt hat. Die Schoko-Buttermasse langsam dazugießen und gut vermengen. Das Mehl mit einem Schneebesen unter den Teig ziehen. Die Masse bis etwa 1 Fingerbreit unter den Rand von Silikon-Soufflé-Förmchen füllen. Die Masse ca. 3 Std. gefrieren.
Die angefrorenen Schokoküchlein im vorgeheizten Grill bei indirekter Hitze (200 °C) etwa 15 Minuten backen. Anschließend stürzen und sofort warm servieren.

ANANASSTEAK MIT RUM-MINZE-JOGHURT

4 Scheiben Ananas ca. 1 ½ -2 cm dick, 250 ml Schafjoghurt, 4 EL brauner Zucker, 100 ml Rum, 10 Blätter Minze, 2 EL Puderzucker, Saft einer halben Zitrone

Die Ananas in ein flaches Gefäß legen, mit dem braunen Zucker bestreuen und den Rum darüber geben. Etwa 2 Stunden marinieren, nach einer Stunde die Ananas wenden. Die Minze fein hacken. Den Puderzucker zuerst mit dem Zitronensaft verrühren, dann die Minze, das Joghurt und 4 EL der Ananasmarinade dazugeben und nochmals vermischen. Die Ananassteaks aus der Marinade heben und bei direkter Hitze (ca. 250 °C) auf beiden Seiten ca. 5-6 Minuten grillen. Mit der Joghurtsauce anrichten.

Das Motto ist hier: einfach, ohne großen Aufwand und verdammt lecker. Tartelettes sind in fast jedem Supermarkt erhältlich und eine tolle Basis für Desserts. Egal, ob mit verschiedenen Konfitüren oder Cremes gefüllt – sie sind ein wunderbarer, schneller Nachtisch.

PREISELBEER-TARTELETTES

8 Tartelettes, 3 Eiweiße, 3 EL Puderzucker, 1 Prise Salz, 8 EL Preiselbeerkonfitüre

Das Eiweiß mit dem Salz zu einem Schnee schlagen. Kurz bevor der Schnee steif ist, langsam den Puderzucker in die Masse geben. Die Konfitüre in die Tartelettes geben, mit einer Küchenspachtel den Schnee dekorativ darauf platzieren, sodass die ganze Konfitüre abgedeckt ist. Bei indirekter Hitze (250 °C) etwa 4 Minuten grillen, bis der Schnee Farbe bekommen hat.

GRILLBANANE MIT KARDAMOM

8 Baby- oder 4 kleine Bananen, ½ TL gemahlener Kardamom, 6–8 EL flüssige Schokolade, 4 EL Karamellsirup, 4 EL Cornflakes

Die Bananen mit der Schale bei indirekter Hitze (200 °C) ca. 10–15 Minute grillen, bis die Schale außen schwarz und die Banane innen weich ist. Die Frucht aus der Schale nehmen und auf einem Teller platzieren. Zuerst Kardamom über die Banane streuen, dann den Karamellsirup und die Schokoladensauce darüber geben. Mit den Cornflakes garnieren – fertig.

Die Grillbanane ist ein gern gesehener Gast auf sommerlichen Grillpartys. Ob mit Schokolade oder/und mit Hochprozentigem gefüllt, ist dieses Gericht immer ein Treffer. Ich habe mir Gedanken über dieses Dessert gemacht und es etwas modifiziert.

GEGRILLTE BIRNE IM SCHOKOLADENTEIG

2 Eier, 3 EL heißes Wasser, 100 g Zucker,
150 g Mehl, 1 Päckchen Vanillezucker,
½ Päckchen Backpulver, 2 Birnen, 2 EL Kakao

Die Eier trennen und die Eigelbe mit dem heißen Wasser gründlich schaumig rühren. Dann den Zucker mit dem Vanillezucker zugeben und alles zu einer dicken Creme aufschlagen. Die getrennt zu Eischnee geschlagenen Eiweiße über die Creme geben und dann das Mehl, den Kakao und das Backpulver vorsichtig mit dem Schneebesen unterheben.
Die Birnen halbieren und bei direkter Hitze (ca. 250 °C) auf der Schnittseite grillen, bis ein Branding entstanden ist. Die Birnenhälften mit der Schnittseite nach oben in eine kleine feuerfeste Schale geben. Die Birne sollte auf dem Rand aufliegen. Nun den Teig dazugießen, die Schale aber nicht ganz füllen, da der Teig noch aufgeht. Bei indirekter Hitze (200 °C) etwa 25–30 Minuten grillen.

SCHOKO-OMELETT AUS DEM DUTCH-OVEN-DECKEL MIT TRAUBEN UND NÜSSEN

4 Eier, 10 EL Milch, 120 g Zucker, 180 g Mehl, 1 Päckchen Vanillezucker, ½ Päckchen Backpulver, 100 g Trauben, rote und helle gemischt, 2 EL Nüsse nach Wahl, gehackt, 2 EL Grappa, 1 EL brauner Zucker, 2 EL Butter

Die Trauben halbieren, mit den Nüssen, dem braunen Zucker und dem Grappa vermischen. Die Eier trennen und die Eigelbe mit der Milch schaumig rühren. Dann den Zucker mit dem Vanillezucker zugeben und alles zu einer dicken Creme aufschlagen. Die getrennt zu Eischnee geschlagenen Eiweiße über die Creme geben und dann das Mehl, den Kakao und das Backpulver vorsichtig mit dem Schneebesen unterheben. Den Dutch-Oven-Deckel so auf den Seitenbrenner des Grills oder direkt in die glühenden Kohlen legen, dass die innere Seite nach oben zeigt und etwa 10 Minuten warten, bis er richtig heiß ist. Etwas Butter auf den Deckel geben und ein Viertel der Teigmasse auf den heißen Deckel leeren. Etwa 3–5 Minuten warten (je nachdem, wie heiß der Deckel ist), dann das Omelett wenden und nochmals 3–5 Minuten braten. Den ganzen Teig auf diese Weise verarbeiten. Zusammen mit den marinierten Trauben servieren.

POLENTAAUFLAUF MIT KARAMELLISIERTEN NÜSSEN

---

200 g Minutenpolenta, 2 Eiweiß, 4 EL Zucker,
250 ml Milch, 4 EL Walnüsse , 4 EL Butter

Den Dutch Oven auf 4–5 glühende Briketts stellen und die Milch darin erwärmen. 3 EL Zucker und die Polenta einrühren. Unter ständigem Rühren warten, bis die Polenta weich ist. Den Dutch Oven zur Seite stellen und die Polenta auskühlen lassen. Das Eiweiß zu Schnee schlagen und unter die Polenta rühren.
4 feuerfeste Formen mit der Butter ausstreichen zu $3/4$ mit der Polenta füllen. Die Polenta bei indirekter Hitze (180 °C) grillen, bis sie über den Rand der Form aufgegangen ist.
2 EL Butter mit dem restlichen Zucker im Grillwok erhitzen, die Nüsse darin karamellisieren und zum Polentaauflauf servieren.

TOM

Es ist nicht nur ein Gaumenkitzel, mit Tom zusammenzuarbeiten, es ist auch einer für die Nerven. Eine üppige Auswahl bester Lebensmittel, ein beachtlicher Fuhrpark an Grills und die mit Argusaugen gehütete Messertasche. Und gute Laune. Rezepte: Fehlanzeige. Sie entstehen. Man ist quasi mittendrin im Entwicklungsprozess, weiß, dass es gut wird, versucht den Weg nachzuvollziehen, der uns dorthin führt und ist bemüht, Schritt halten zu können beim Notieren der Fußnoten, die dem „Nachgriller" das Leben immens erleichtern. Es ist die Fantasie, die ihn leitet und antreibt, die Inspiration, die die Produkte und Gewürze zu einem vollkommenen Grillgericht werden lassen. Man schaut Tom beim Komponieren zu und ist benommen von der Stringenz, der Präzision und der Klarheit, mit der Aromen sich zu Geschmackskombinationen verbinden, Lebensmittel zu kulinarischen Wegmarken werden. Und man macht die verblüffende Erfahrung, wenn auch mit angehaltenem Atem, dass ein Buch auch ohne das Korsett bereits erdachter und penibel festgehaltener Rezepte entstehen kann.

MARKUS

Kreativ ist er, auch wenn der Begriff etwas abgegriffen, nicht richtig treffend wirkt ... wenn man ihm zuschaut, wie er aus Produkten Motive und aus Motiven digitale Kunstwerke entstehen lässt. Markus ist ein besonderer Fotograf. Einer, der einen völlig anderen Blick hat. Der aus etwas vordergründig Gewöhnlichem etwas ganz Besonderes macht, der einem Produkt Attribute verleiht, die man gar nicht wahrgenommen hat. Man legt eine Tomate ins Set. Nicht mehr, nur eine Tomate. Und was dann entsteht, ist ein „Wow". Man muss sehen, was er macht. Beschreiben kann man es nicht. Bezeichnete man es als unbeschreiblich, würde es wieder so gewöhnlich wie das eingangs erwähnte Kreative seiner Arbeit. Faszinierend ist die Ruhe und Gelassenheit, mit der er seinen Job macht. Tom mal eben bei der Vorbereitung des Mis en Place einfängt und auf dem Rückweg gegrillte Pastinaken auf einem dutzende Jahre alten Backblech in Pixel bannt, so, als wäre dieses Gemüse nicht in der Erde, sondern auf genau diesem Blech gewachsen.

Die Liste seiner Auszeichnungen ist lang, man könnte sie erwähnen, muss sich aber eigentlich nur seine Fotos anschauen, um zu wissen, dass es ein großes Glück ist, mit ihm zu arbeiten.

DANKE

Meiner Frau Claudia für Ihre Unterstützung und Ihre Geduld. Meinen beiden Jungs Lukas und Elias für Ihr Verständnis, dass ich viel Zeit mit Seminaren und dem Tüfteln an neuen Rezepten verbringe.

Christine Birnbaum für die tolle Zusammenarbeit bei unserem bereits dritten gemeinsamen Projekt.

Markus Gmeiner für seine einzigartige Art, meine Gerichte zu fotografieren.

Danke an Euch, die ihr ein Teil meines Buches seid:
Martina, Tanja, Sarah, Andi, Cooky, Daniel, Efthimios, Janosch, Jumbo, Oli, Werner, Black Soul MC Austria.